U0075499

紅星與十字架

中國共產黨的基督徒友人

曾慶豹 著

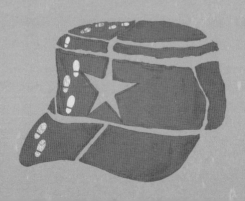

豈有一件事人能指著說這是新的？

哪知，在我們以前的世代早已有了。

（傳道書 1:10）

目錄

陳序

探索真相，揭開內幕

　　坊間流傳，胡適說：「歷史是一個任人打扮的小姑娘。」假如胡博士真的是這樣說過，那一定是一個哲學家對史學家工作的評論。今天，有這麼一位學哲學的人，要寫歷史，要寫中國歷史中鮮為人知的一些歷史，那將產生甚麼樣的學術影響和社會效果呢？

　　我在這裡向讀者們鄭重推薦曾慶豹教授的新作《紅星與十字架——中國共產黨的基督徒友人》。我與曾教授是在共同整理、編輯出版中國著名哲學家和神學家謝扶雅先生的《謝扶雅全集》時相識、相知的。慶豹在他的家鄉馬來西亞受到完整而扎實的中文基礎教育，進而入臺灣政大和臺大接受系統的哲學訓練，期間還對基督教神學與教會史有深入研究。曾慶豹教授的學術研究領域，涉獵甚廣。如今，他又把視角投向了一個被人們忽略的歷史角落，即：基督教與「中國共產黨」，或者是「與共產主義運動」的關係。

　　中國共產黨成立之初，就一直伴隨著外國人的身影。除了有

紅星
與
十字架

共產國際和蘇維埃俄國派遣的特使、軍事顧問、志願者以外，還有那麼一批具有基督徒身分的中外人士。在那場與國民黨政府作對的武裝鬥爭和諜戰中，留下他們的足跡。然而，由於後來的中蘇關係破裂，中共不多提及蘇聯老大哥對中國革命所作的貢獻。蔣介石政權敗走臺灣，也不想檢討那段受「基督徒朋友」蒙蔽的經歷；至於那一批捲入革命潮流中的基督徒們，大都對其那段經歷諱莫若深、三緘其口。

本書是四個獨立成篇的人物傳奇故事組成的，故事的主角都是、或曾經是基督徒。他們共同的特點是，在其人生經歷中都跟上個世紀發生在中國的共產主義運動有過一段刻骨銘心的遭遇。

我在閱讀之後，認為這些人大致可以歸結為三類人：

一、共產主義戰士。1917 年，10 月革命成功，世界上出現了蘇聯，第一個社會主義國家政權。這大大鼓勵了本來懷有共產主義理想、痛恨帝國主義、殖民主義的激進青年，要在世界其它國家推行革命，招兵買馬，甚至付諸武力。雖然這些人出身基督教家庭，或曾接受過基督教信仰，但當馬列主義政黨宣稱，與有神論的基督教勢不兩立的時候，他們大多選擇了前者。書中描寫的中共地下黨員董健吾（王牧師）和燕京大學的「紅色外教」們，便是此類。

二、斯德哥爾摩症候群。中國的暴力革命，裹挾了不少基督教傳教士、醫生和普通百姓於其中。他們先是被迫、無奈地留在革命隊伍中，漸漸地被感化、洗腦，以至成為中國革命運動中的一員。如中國工農紅軍在長征途中綁架的「洋票」——內地會傳

教士薄復禮牧師、被「武裝聘請」的長汀福音醫院院長傅連暲醫生等。

三、兩面人。有些基督教人士在接觸了共產主義信仰後，為其精神感召而獻身。他們並不想放棄自己的宗教信仰，企盼兩者兼而有之、和平共處。然而，奉行無神論的馬列主義黨卻不允許其成員有此幻想。於是，這些人不情願地選擇了黨，如原上海國際禮拜堂牧師李儲文、加拿大長老會在華傳教士文幼章就屬於這類，期待作者將來也會撰寫這類人物。

作為一位治學嚴謹的學者，曾慶豹教授查閱了大量檔案和文獻資料，採訪了所有他能找到的歷史見證人。本著「有一分證據，說一分話」的原則，以圍繞歷史人物所發生的事件，記敘、分析了中國歷史中無產階級革命與基督教的關係，為中外史學界提供了一部非常有價值的學術著作，為研究中國乃至世界基督教歷史的學者們填補了一個重要的空白點。

探索真相，揭開內幕，是要有些勇氣的。曾慶豹教授就是當今華語神學界的這樣一位勇者，特向讀者推薦這本難得的好書。

是為序。

陳宣明 牧師
旅美華人基督教文字工作者
2019 年 9 月 19 日於三藩市

李序

拯救和解放的迷思

讀了曾慶豹教授由四篇文章彙編而成的《紅星與十字架》一書，感慨良多。

雖然四篇文，但卻再現了 20 世紀 20 年代中國大革命這塊五彩拼圖上長期被忽略的一塊：一部分基督徒參與共產黨的紅色革命。這是一個引人深思的話題：一個被上帝「拯救」後，重生得救成了基督徒——因著基督耶穌的「救贖」恩典，把自己從身陷罪惡的世界中「分別」出來，從此以後，他（她）就開始了「活在世上又不屬於世界」的新的人生之路。然而，他（她）又怎麼會加入共產黨，投身「解放」事業呢？

就像董健吾這樣一位「基督徒」，就是因為受到「五卅慘案」的刺激就放棄了信仰，轉而成為中國共產黨員投身到為中國人民的「解放」事業中，這樣的例子何止董健吾、何止傅連暲，我所知道的就不下數十位。

20 年代是中國一段非常特殊的歷史階段，「辛亥革命」成功後建立了「國民政府」，但是「共和政體」依然受到兩方面的威

紅星
與
十字架

脅：一是袁世凱稱帝和張勳復辟，他們要把「共和國」重新拉回到封建帝制；而是地方軍閥割據，曾形成過一個一個事實上的小王朝。所以國民政府在「討袁」之後又進行「北伐」。隨著「十月革命」後蘇維埃新政府的建立，第三國際共產主義運動的狂飆颳進了中國。1921 年便在上海成立了中國共產黨。

如果我們尋根追源的話，共產主義運動卻是源於基督教。初期教會的存在方式誠如〈使徒行傳〉第二章所描述的：「信的人都在一處，凡物公用，並且賣了田產、家業，照各人所需用的分給各人。」在第四章對此作了進一步的確定：「那許多信的人都是一心一意的，沒有一人說他的東西有一樣是自己的，都是大家公用。使徒大有能力，見證主耶穌復活；眾人也都蒙大恩。內中也沒有一個缺乏的；因為人人將田產房屋都賣了，把所賣的價銀拿來，放在使徒腳前，照各人所需用的，分給各人。」

這是一種「家庭」式的共產共用的生活方式。現在無法確切地知道初期教會這樣的存在方式究竟維持了多久？但是在西元 4 世紀羅馬皇帝君士坦丁把基督教定為「國教」後，歷史的記載就很難看到這樣的教會形態了。但是，這種「凡物公用」的教會形態不但沒有從人們的記憶中消失，在 16 世紀還重新進入人們的視野並賦予實踐。

16 世紀初出現的重洗派似乎對殘棋耶路撒冷教會「凡物公用」的理念和存在方式依然情有獨鍾。他們非常羨慕初期耶路撒冷教會凡物公用的生活，尤其是在莫拉維亞（Moravia）的重洗派信徒們。西元 1533 年，一位瑞士弟兄派傳道人胡特爾（Jacob Hutter）

加入奧國重洗派，後來成為他們的牧師。於西元 1536 年被焚之前，胡特爾採用一種嚴格的公社生活管理，每一個單位稱為一個「弟兄社區」（brother-estate）；直到今天，在加拿大的亞伯達省（Alberta）及曼尼托巴省（Manitoba）仍有上百個「弟兄社區」存在。

1533 年，重洗派馬提斯及其追隨者占領了蒙斯特城，宣稱蒙斯特就是新耶路撒冷：他們凡物公用，沒有律法。乾脆將這個蒙斯特城建成他們心目中共產主義式的新耶路撒冷「王國」。來自德國、荷蘭各地成千上萬的人湧進蒙斯特城。這個「王國」僅僅存在了兩年的時間，1535 年 6 月 24 日，天主教和路德派的軍隊攻破了蒙斯特城，並對剩下的重洗派信徒進行了可怕的殺戮與殘酷的折磨。

蒙斯特「王國」被消滅了，卻給歷史留下了一個發人深省的問題：原本這群被拯救出來「不屬於世界」的基督徒，自認為被耶穌基督「分別為聖」而離群索居，自成一體，反而變成了日後「共產主義思想和運動」的源頭？

1516 年，英國人湯瑪斯·摩爾寫了《烏托邦》一書，就力圖回答這個問題。摩爾在這本書中對中世紀以來的社會不公、貧富不均、腐敗墮落等現象進行了深入探討研究，他認識到：私有制是一切社會問題的根源，只有實行全民公有制，才能真正消除社會的罪惡。而實行全民公有制的基礎就是人人勞動，消除不勞而獲的社會寄生蟲，勞動產品按需分配的制度又消除了驕奢和貪欲。這就是後來被稱之為「共產主義思想」，難怪馬克思也把《烏

托邦》這本書稱之為「原始共產主義」的文獻。

那麼摩爾的思想又來自何處呢？有學者認為：「對摩爾知識結構產生決定性影響的是基督教人文主義。他堅信，通過復興古典和基督教的古代遺產，可以除去中世紀所有的弊病和曲解，拯救現實社會。不難想像，面臨大規模剝奪農民和勞動者貧困化的疾風暴雨，對於廣大勞動者深表同情的摩爾，苦苦思索保妥不平等和階級剝削和壓迫之途的摩爾，腦海中一定縈繞著一絲揮之不去的原始基督教共產主義精神。」

1633 年，由義大利基督徒托馬索·康帕內拉撰寫的《太陽城》問世了。這本書採用對話的方式描繪了一個沒有階級剝削和壓迫、沒有中世紀社會那些污穢的新世界。這當然被認為是不可思議的，是完全不可能的。康帕內拉認為這當然是不容易的，但是他卻對此充滿信心：「我希望，就像先知們所指出的那樣，將來在基督之敵死亡後，這種生活方式會占上風。」

這個源自《聖經》的「想法」就如《聖經》中所描述的一粒小小的「芥菜種」一樣，它卻在 16 世紀後的歷史土壤中被迅速地長成了一顆參天大樹——共產主義運動。經過 17、18 世紀思想理論和社會實踐的醞釀，到了 19 世紀不僅由馬克思奠定了完備的共產主義思想理論，而且隨著第一國際、第二國際的建立，共產主義運動迅速轉變成了席捲全球的國際工人運動。全世界無產階級都感覺到：這場新舊世界的最後決戰就要來臨了，全人類被「解放」的時刻也指日可待了。

到了 20 世紀，這個「解放」運動的形式便在俄羅斯直接演

變成極其恐怖的暴力奪取政權的「10 月革命」。為了「解放全人類」，新的「蘇維埃」政府隨即便把這場「解放全人類」的革命引向中國。中國共產黨成立的歷史重任自然是這場國際共產主義解放運動的一個組成部分──「解放全中國」。

　　基督徒一生的目標就是做一個神所喜悅的人。「拯救」的全部含義就是得救者獲得了新的人生價值觀，誠如使徒保羅所說：「現在活著的不再是我，乃是基督在我裡面活著。」這樣的價值觀是與過去完全不同的、甚至相反的：「只是我先前以為與我是有益的，我現在因基督都當作有損的。不但如此，我也將萬事當作有損的，因我以認識我主基督耶穌為至寶。」問題是：這並不意味著皈依基督就是「看破紅塵」退出世界（出世），而是要處處見證神的榮耀。那麼，又怎麼見證神的榮耀呢？

　　中國共產黨把廣大人民群眾從苦難中「解放」出來，作為自身存在的神聖使命。「中國人民正在受難，我們有責任解救他們，我們要努力奮鬥。要奮鬥就會有犧牲，死人的事是經常發生的。但是我們想到人民的利益，想到大多數人民的痛苦，我們為人民而死，就是死得其所。」這段話出自 1944 年 9 月 8 日毛澤東在延安為了紀念因公死亡的戰士張思德，在其追悼會上的演講詞。整篇悼詞我們從小就會背誦，可是我們從來不問，當時的中國人民正在遭受什麼樣的「苦難」？究竟是什麼原因給中國人民帶來了這些「苦難」？我們（共產黨人）又憑什麼說自己有責任去解救他們？直到我受洗成了基督徒後，才明白這是一篇帶有濃厚宗教色彩的演講稿。這是共產黨人在扮演著「救世主」的角色，承擔這

個「解放」人民大眾的神聖使命。一場共產黨領導的解放運動（戰爭）就這麼一邊唱著「從來就沒有什麼救世主，一切全靠自己」的國際歌，一邊卻扮演著「救世主」的角色去「解放」人民大眾。

19世紀初，基督教新教隨著宣教士的足跡傳到了中國，在這一百多年的歷史中遭到中國人無數次的抵擋（反教），因為中國人感覺不到這個信仰對中國（人）究竟有什麼好處，而且還處處與中國人自己的傳統習俗習慣相牴觸。但是，一旦與中國近現代的反帝反封建，解放勞苦大眾的政治問題相遇，基督教就成了主要的精神資源：基督徒和共產黨竟然會在這麼一個歷史的交匯點走到一起了。

這不僅是因為共產黨人的理想和使命淵源與基督教精神和早期基督徒的教會生活實踐，而是當時的中國基督徒面對當時滿目瘡痍的國家和社會，就自然而然地會將內在「得拯救」轉化為外「為濟世救民」情懷而走進共產黨的革命隊伍中。而共產黨內那些懷有「解救正在受難的中國人民」神聖使命感的革命者，雖然表面上不信鬼神，也目無上帝，但是實際上卻在踐行著初期基督徒們的理想——解放全人類實現共產主義（新天新地）。

歷史就這麼把「拯救」和「解放」緊緊地糾纏在一起了。生活在那個時代的人們，或者從自己得「拯救」成了基督徒後，或許因為傳「福音」的使命而希望人人得「拯救」，或許出於社會的責任和道德良知，甚至民族情感等，有意無意地捲入幫助窮苦人們、承擔社會責任、不滿種族壓迫而投入到了「解放」運動之中——或許是因為自己受到了當時共產主義思想的影響而投入

到中國共產黨領導的「解放全中國」的革命事業中，但是卻也把這樣的政治使命賦予了宗教色彩，自己儼然成了「拯救」勞苦大眾、脫離苦難深淵的「天兵天將」。「拯救」和「解放」就這麼難以分解，成了上世紀初中國「革命階段」出現的「迷思」。

　　曾慶豹教授是我多年的老朋友，他的學術功底扎實、學術志趣廣泛。他無論在論及神學的著作，還是涉及哲學的話題都有兩個最基本的特點：一是在學術上提出引人深思的問題；二是所提出的問題在實踐中又發人深省。《紅星與十字架》這本書依然凸顯了這兩個特點，非常值得一讀，相信你也定有同感！

李靈

美國洛杉磯「基督教與中國研究中心」總幹事

2019 年 9 月 14 日星期六於美國洛杉磯

導論

基督教與中國共產革命

我們研究中國就要拿中國做中心，
要坐在中國的身上研究世界的東西。

——毛澤東

共產主義革命為何吸引人？難道是那些對他們極端厭惡的人所說的因為恐懼和欺騙嗎？如果革命要付出如此大的代價，年輕學子投身於它，全是因為愚蠢所致？

海德（Douglas Hyde）曾是一位共產黨員但後來成為基督徒，在其著作《獻身與領導》一書中，透露共產主義與基督教驚人的一致性，尤其在實踐和領導的工作上，兩者可說是同出一轍，但他卻提到兩種特殊的情況來說明「何以共產主義比基督教更吸引人？」

一種正面的感受是：「自從我加入共產黨開始，一直到脫黨的時候為止，我常常意識到一個事實，我們的黨員人數雖然不

多，但他們卻深信他們有一個應該征服的世界，他們也相信他們正在進行征服世界的工作。」[1]

反面的感受是：「我雖然認清了共產主義的罪惡，但我還是認為，在我決定加入共產黨的時候，我做了我一生最大和最好的選擇。因為那是我一生中最不自私的一個行為。我自己從共產主義皈依到天主教以後，所有的失落感有另一種型態。我深深地感覺到，失落了我在共產黨內所有的『整體感』。」[2]

海德這兩段話充分地說明了共產主義有一種致命的吸引力，參與革命給人帶來的偉大感和歷史感，恐怕是基督教無法給予的，因此它吸引年輕人的獻身也就不難理解。

事實上，基督教的理想與獻身也可以順利過渡到共產主義的革命運動中，正如基督教青年會學生幹事吳耀宗所說的那樣：「對比了馬克思與耶穌、《共產黨宣言》與登山寶訓，便可以看見馬克思和耶穌的人格活躍於紙上。他們相同之點和不同之點也就可以在裡面看見。馬克思和耶穌都有火一般的熱情，以先知的遠見，主張社會正義，要為全人類創立一個新天新地。他們都有一種卓絕的愛與同情，所以看見了不平的現象，便不能容忍。他們都忠於他們的主義，為他們的主義而犧牲。」[3]

換言之，基督教與共產主義革命間有一種共同吸引人的地方，就是理想與獻身。也就是說，正是這種不計代價的付出吸引著同有理想激情的人，基督教是從「未來的天國」來獲得報償，共產主義革命則可以在現實中實現，後者比前者更甚的是，它比較具體也較快達到目標，而前者經常把結果設想得比較抽象或不

立即有效。共產主義革命在那個極端不安的中國之所以吸引人，正是它為中國提供了一種可選擇的方案，而且是立即感到有效，並振奮人心。

誰是中國共產黨的友人？

2011 年鳳凰衛視推出歷史紀錄片《紅色中國的外國人士》，共十集，分別介紹了十位人物，包括史沫特萊（Agnes Smedley）、白求恩（Norman Bethune）、埃德加·斯諾（Edgar Snow）、李德（Otto Braun）、鮑羅廷（Mikhail Boridin）、愛潑斯坦（Israel Epstein）、斯特朗（Anna Louise Strong）、柯棣華（Dwarkanath Shantaram Kotnis）、路易·艾黎（Rewi Alley）、馬海德（Shafick George Hatem），他們的身分有記者、作家、醫生、國際共產黨員，其中又以斯諾這位「紅色中國的外國人士」最為家喻戶曉，他在中國共產黨宣傳之下，成了名符其實的「中國人民永遠的朋友」。

斯諾的故事被搬上大銀幕，早期有《毛澤東與斯諾》的紅色電影，到 2016 年為紀念長征 80 年，又拍攝了《紅星照耀中國》，2017 年中央電視臺的「國家記憶」做了一個專題《毛澤東與斯諾再度握手》。

另外就是白求恩醫師這位加拿大共產黨人，在石家莊還有一間以白求恩命名的「白求恩國際和平醫院」，他同樣是紅色電影的焦點故事。

紅星
與
十字架

1949 年之前，中國共產黨的外國友人並不多，這些人都不是什麼特別顯赫的大人物，但在那段艱苦的日子裡，不管是因為同為共產黨員的身分或是對中國抗戰或革命的同情，這些外國友人躍升成為紅色中國歷史舞臺上的偉大人士。正因為與其他的帝國主義分子不同，這些外國友人用了各種不同形式參與或協助共產黨的革命，其間的友誼更顯得珍貴，因此被崇高地稱之為「中國人民的朋友」。

中共非常重視宣傳，這些「中國人民的朋友」得以被關注並予以好評，當然是因為他們有功於共產黨的革命。正因為中共非常重視宣傳，所以他們對於歷史的解釋也極其在乎，不僅掌握對他們有利的史料，從黨史、教科書、學術研究到影視傳媒，更是強化其對話語的解釋，因而要改變中國人的常識或印象，都不是一件簡單的事。

在 1949 年以來，中國共產黨黨史的意識形態基調，就將基督教在華所作所為一概視為是外國帝國主義侵華的工具，是外國帝國主義勢力在華統治中國的先鋒隊或代理人，更遑論在黨史提到基督徒在紅色革命道路上曾做出的貢獻。

由於中共列寧主義式的解放鬥爭即是以帝國主義作為他們鬥爭的對象，包括自己國內的敵人，也都會被說成是「帝國主義侵略中國的幫兇」，因此，像基督教這樣一個從外國或歐美國家傳播到中國的宗教，更被視為不利於中國解放的思想障礙，因而思想的解放運動，必然將矛頭指向具有思想或文化侵略性質的基督教。

中國共產黨與基督教之間肯定是水火不容的。

　　基督教在共產黨統治的這片中國大地上要生存，各種大小不一的衝突難以避免，不管在理論和實踐上都證實「消滅基督教」是不可能的，也許更好的作法即是「改造基督教」，首先包括了從歷史記憶中，不斷羅列基督教的罪狀，抹去那些對中國具有正面意義或價值的基督教歷史，即是從根本上緊抓著歷史解釋權不放。這是毛澤東對中國共產黨史解釋權的基本態度。[4]

基督徒為何成為中國共產黨的友人？

　　在諸多「中國人民的朋友」之中，斯諾的夫人海倫（Helen Foster Snow／筆名為 Nym Wales 尼姆·威爾斯）長期以來是被忽視的，一方面當然是斯諾的個人光芒明顯蓋過她，另一方面（更可能的原因）是海倫比較忠實地報導中國共產黨的種種，並未刻意以宣傳為目的，這對共產黨而言似乎沒有太大的價值。但是，從學術研究的價值而言，撰寫過十七本關於中國革命之著作的海倫，恐怕比斯諾更清楚中國共產黨的種種，至少她在乎的是客觀或如實報導她在延安以及中國所看所聞的事蹟。[5]

　　斯諾在 1936 年去了陝北，隔年，海倫個人單槍匹馬遠赴延安。斯諾的《西行漫記》（《紅星照耀中國》，*Red Star Over China*）吸引了所有的目光——作為第一本向世界公開中國共產黨在陝北的革命，當然有其重要性。然而，海倫的報導卻在斯諾的基礎上前進，特別她所踏之地是延安，她接觸到的人非常多，從她的報導中更能看到每位革命者的心路歷程，這些人也在她的訪問中如

實地表露了他們走上革命之路的背景和遭遇，比斯諾所述的更為深入和真實。[6]

不同於斯諾，海倫到達的是延安，而斯諾則是在保安。[7]

1935 年，斯諾的到來算是共產黨人與他的第一次接觸，海倫是看完了斯諾在保安的紀錄後才接觸到共產黨人，因此她能更快進入狀況，不像斯諾還有不少的限制。海倫對早期中國共產黨人在陝北的活動，報導得相當深入，其《延安筆記》（*My Yenan Notebooks*）特別針對個別的人物訪談，文中呈現出各個人物的個性和其加入共產黨的心路歷程。

海倫在中國的活動可分成兩個部份，前期是以一個記者兼作家的身分與共產黨人接觸，後期則投身於關心中國的勞工運動，因此可以說她對中國的了解是相當深入的。

值得注意的是，1937 年海倫一到延安就受到基督徒的協助，她之所以可以順利且安全地在延安行走，得力於一位年輕人的協助，這位年輕人的父親是南京基督教青年會的總幹事。這位年輕人的名字叫肯姆普頓·菲奇（Kempton Fitch），他父親名叫喬治·菲奇（George A. Fitch）。[8] 一位外國女士要在延安活動，肯定是一項冒險的行為，她要有勇氣，當然還要有一點運氣，海倫描述道：

> 肯姆普頓·菲奇不贊成這件事；然而，如果我堅持要去，他樂於盡力幫助。當他看到我確實孤立無援，也並非共產黨人，便決定為我與當局周旋一番。他是一個旅居中國大名鼎鼎的基督徒世家的後代，他的父親喬治·菲奇是旅華基督教青年會的領袖，蔣介

石夫人最要好的朋友之一。沒有肯姆普頓的幫助，我是去不了延安的。[9]

　　她在陝北蘇區延安時期接觸了不少當地不知名的傳教士，並普遍受到他們的關照與協助，尤其是加入共產黨的人士中有不少傑出的基督徒，著名的有浦化人、傅連暲等，海倫都與他們有所接觸並做了採訪紀錄。

　　不令人意外的是，早從晚清的革命黨人中，不論是基督徒或不是基督徒，有不少人走上革命之途，主要即是受到基督教進步思想的刺激。例如中國共產黨元老之一的董必武曾提到，他之所以參加辛亥革命，是受到武昌聖公會的基督徒劉靜庵的影響，之後加入共產黨又是受到一位基督徒的影響，此人名叫李俊漢。[10]

　　李俊漢（1890-1927，即李人傑）曾任上海基督教青年會幹事，曾參考日譯協助校訂、陳望道翻譯的《共產黨宣言》。李俊漢由青年會派到日本去留學，期間受日本一位經濟學河上肇教授的影響，接觸了馬克思主義。回到上海後即與陳獨秀推動傳播馬克思主義思想，參與工人運動，主編《華工醒時報》。

　　1921 年 7 月 23 日，中國共產黨第一屆全國代表大會於上海召開，李俊漢是上海代表之一，無疑的，他亦是中國共產黨創黨人之一。[11]

　　又如海倫提到一位他所訪問過的共產黨人，名叫張文彬。她說：

　　張文彬並不是個宗教盲信者，可是他對信仰、對人生、對事業的信念，卻有著一種典型的基督教青年會員的熱忱和智能。張文彬的故事是一部基督史，它說明為什麼中國的基督精神在共產主義運動中被吸收，而不是像馬丁·路德那樣進行新教改革。在他與其擁護者的關係方面，張文彬很像 17 世紀的清教徒克倫威爾。[12]

　　這些訪問都可以顯示出，為何基督教在中國可以吸引青年並將他們推向革命的道路。主要的原因是因為基督教的信仰與共產主義的理想存在極其相似之處，選擇共產黨的革命與選擇基督教的信仰理想，基本上是一致的，即在於它們都存在著一種無畏的犧牲與鬥爭的理想和行動，這些理想主義的元素，使得基督教與共產黨之間，要不是融為一體、就是形成對立，而革命又比基督教的事業更能直接體現出來。因此，受到基督教信仰感召的不論是否是基督徒，都有一種無畏和冒死的精神，有時候這種精神在一定程度必然表現著盲目和偏執。共產黨的幾位重要思想人物如恩格斯（Friedrich Engels）、卡爾·考茨基（Karl Kautsky），都對基督教的起源有過相當高的評價，一致認為基督教的起源實為一種無產階級或低層奴隸的革命，早期的基督教社群體現了一種原始的共產主義生活方式。[13]

　　20 世紀中國面對內外交迫的現實險峻，無不令青年知識分子感到憂心和挫折，也正因為環境艱困，更易激起愛國情感，使得他們毅然決然地投入革命。再加上共產黨善用美好的語言和理

想，以及嬗變的政治手法來獲得人心的技巧，很容易吸引到基督徒的認同。早期參與中國共產黨革命的基督徒，有著一種極具行動力的人道主義和「為被壓迫者伸張正義」的性格，他們很大程度是來自於原來他們在基督教信仰所植根的那種獻身與激情。

海倫特別提到：

> 我們不應忽視基督教女青年會以及其他基督教機構和學校對中國婦女運動的影響。他們堅持男女應受同等教育。這一主張很有成效，誠然是社會一大進步。據我看來，即便在今天，大多數男女革命學生和進步學生都在一定時期受過基督教的良好影響的。儘管按照眼下流行的說法，這一觀點並不為人所認可。不過，基督教是以其哲理和倫理觀點吸引了中國青年人的，而不是純宗教性的說教。大多數真正受基督教思想影響的人，以那些日後加入共產黨的人為例，原先就有人道主義和為被壓迫者伸張正義的性格。就其早期影響而言，基督教，特別是耶穌教，在中國是一種很革命的思潮。[14]

這也使我們明白，何以加入中國共產黨的基督徒又以女性基督徒的比率最高，女青年會的左傾立場最為堅定和直接，她們的諸多外籍幹事大多都是同情共產黨的。正如海倫所描述的那樣：

> 所有宗教的實質在於願意為信仰而不惜犧牲自己的性命——而不是求生存。這就意味著為他人、為社會、為將來犧牲個人的

利益。這是對「精神」素質的檢驗。中國的共產黨人必須高度具備這種素質。

就像許多外來訪問者得到的印象那樣,她在延安看到這些共產黨人的性格,在各方面都表現得具有清教徒式的精神,因為有相當多的人都曾加入過基督教青年會,儘管有些人不是基督徒。[15]

20 世紀上半出現了不少的激進主義實踐者和思想家,他們主張基督教是革命的,這當然也就與共產主義的理念和宣傳取得了一致性,這些人包括劉靜庵、張純一、吳雷川、吳耀宗、沈嗣莊、張仕章、簡又文、王治心、朱維之等。[16]

他們大致都認為耶穌是一位革命家,同時也認同初期教會那種理想的共享主義生活,並認為基督教比馬克思主義或共產黨更早實踐了共產主義的理想,他們的思想吸引了不少基督徒的青年學子。

因此不難理解,為何到共產黨革命時,出現了具地下黨員身分的基督徒,以及諸多左傾的基督徒學生運動分子,這些所謂的「紅色基督徒」,首先因為他們是基督徒,基督徒的身分或某種人格傾向為他們帶來了一種實踐上的傾向,他們更多的是傾向於弱者那裡,愈是艱困的環境愈是使自己走向與統治者或強者的對立面。

中國基督徒學生運動左傾的現象非常明顯,諸多學運分子對共產黨都有一種「在情感上同情、在理性上佩服」的情況,這可以使我們明白何以青年會出了這麼多的地下黨員?他們隱身在青

年會裡，不僅僅是因為青年會提供了一層保護色，更重要的是他們在實踐和行動上與共產黨的理想基本上是一致的。

中國基督教史著名學者裴士丹（Daniel Bays）的判斷，基本上是非常準確的：

一群在政治上左傾的自由派知識分子和學生，在內戰期間同情共產黨，他們可視為是非嚴格意義上的基督徒，理由是他們並非為組織形式上的教會。[17]

這些基督徒共產黨人在大學時期就已明顯地表現出其宗教的熱忱，加上他們的才智和能力，都顯出他們對那個混亂的時局有一種油然而生的責任，並準備冒險，以實現一種救國的行動。吳耀宗的這番後話更能反映出基督徒青年走向革命的理論必然：

把宗教所揭櫫的中心真理，和社會科學用理智分析所發現的一般真理，配合起來，去負起社會改造的具體責任，他就不只是個先知，同時也是個政治家，是個革命的戰士。他對政治的主張，對改造的方法，可能有許多錯誤，然而因為他把握著人類解放的中心真理，他所做的一切，「雖不中，不遠矣」。[18]

邢軍在《革命之火的洗禮》一書中，把基督教和共產黨在中國的兩大運動視為競爭的關係，「最終，青年或基督徒走向共產黨，是因為他們比較了兩者，認為後者對中國所做的改變比較實

際以及來得比較及時，相較之下，基督教的改造工作太慢且太多的障礙。基督教提供了新的視野和討論的空間，共產黨則給他們實踐並化解社會矛盾與行動的機會，他們的價值觀大多來自於基督教，但在現實上他們更親近於與中國的現實融合在一起的革命運動，共產黨的激進主義更吸引他們。」[19]

第 1 章

紅星照耀燕園
—— 司徒雷登、斯諾與燕京大學

　　現在司徒雷登出任美駐華大使，司徒雷登是中國人民的朋友，是教育家，他生長在中國，受的美國教育。他住在中國的時間比住在美國的時間長，他就如一個中國的留學生一樣，從前在北平時，也常見面。他是一位和藹可親的學者，是真正知道中國人民的要求的。

　　　　　　　　　　　　　　　　　　——聞一多〈最後的演講〉[1]

　　毛澤東在〈別了，司徒雷登〉提到，

　　司徒雷登是一個在中國出生的美國人，在中國有相當廣泛的社會聯繫。在中國辦過多年的教會學校，在抗日時期坐過日本人的監獄，平素裝著愛美國也愛中國，頗能迷惑一部分中國人。[2]

　　幾乎所有受過中國共產黨教育的中國人都知道上述這段文字，它曾收入於教育課本中，更是《毛澤東選集》中一篇不可或缺的文章。因著這篇文章，司徒雷登成為家喻戶曉的「頭號美國帝國主義分子」，也因為他本身的傳教士身分，傳教士與帝國主義對中國的侵略的關係也因而被定調，基督教在 1949 年後在中國的命運，就成了共產黨不斷要揮別的一個帝國主義代理人的鬥爭。究竟毛澤東和司徒雷登之間存在著什麼微妙的關係？

司徒雷登與燕京大學

司徒雷登（John Leighton Stuart, 1876-1962），燕京大學校長，與毛澤東在一次不期而遇的場合中，有過一段有趣的對白：

毛：「你是司徒校長，幸會，幸會。」

司徒：「毛主席，你好，我是司徒雷登。」

毛：「司徒先生，你們燕京大學辦得很成功啊，學生都非常的優秀。」

司徒：「你過獎了。」

毛：「是真的啊，燕大有不少學生都到我們後山（延安）去了。」

司徒：「是嗎？希望他們的表現沒讓我們失望啊。」

這是發生在日本投降後，司徒雷登與毛澤東於蔣介石在重慶設宴慶祝抗戰勝利晚會上的巧遇。

這篇對白不知司徒雷登是該感到高興還是尷尬呢？

但至少可以肯定的是，雙方的對話都是極為真誠的。[3]

又有一次，燕大畢業生龔澎（其胞姐龔普生亦是燕大學生和共產黨員）在周恩來授意下，邀請到了重慶毛澤東的寓所，毛澤東大讚司徒對教育的貢獻，因為燕大學生的表現確實是令人刮目相看。[4]

1877 年，在上海舉行第一次全國基督教（新教）傳教士大

司徒雷登校長親自給燕京大學掛牌，
現為北京大學的西門。
（圖片來源：作者翻拍攝自《燕京大學
文史資料》）

紅星
與
十字架

會上，就把基督教教會與教育的關係問題作為討論的重點。1890
年，在上海召開第二次傳教士大會時，進一步認識，強調教會應
該創辦學校，尤其是要把重點放在創辦大學上。這時，中國大陸
開始掀起的「維新運動」，倡導設立新式學堂，傳播西學的思潮給
教會大學獲得發展的機會。

傳教士韋廉臣（Alexander Williamson）對此表述得很明白：
「中國的希望寄託在青年身上，未來的中國就在於他們如何把它
建立起來。因此，我們的努力應當大部分著眼於他們。」、「（中
國的）青年是我們的希望，如果我們失去他們，我們就失去一
切。」[5] 燕京大學、齊魯大學、金陵大學、聖約翰大學、之江大
學、福建協和大學等基督教大學應運而生。

燕京大學（1919-1952）是民國時期一所基督教大學，校譽
震驚中外，中國許多優秀的學子從這裡畢業，不到五十年就關
校，卻出了超過五十位中國科學院及工程院院士——人文社會科
學界無不提及俞平伯、洪煨蓮、[6] 洪謙、顧頡剛、冰心、馮友蘭、
梅貽寶、錢穆、蕭公權等著名的學者，無一不與燕大有著密切的
關係，以及從燕大畢業之後成為知名的學者，如：費孝通、許地
山、鄧嗣禹、蕭乾、瞿同祖、周一良、陳夢家等。另外，被名列
為「烈士」的，也超過十五位之多。[7]

燕大這所名揚中外的一流學府，1952 年併入北京大學，正式
在中國大學教育史冊上結束——今遊北京大學，未名湖及最有象
徵性的北京大學西校門，即是原燕京大學最具代表性的地標。

每一年，世界各地的燕大校友仍找機會聚集，這些年近八十

龔普生（上圖左）與龔澎（上圖右）這對姐妹花，從聖瑪利亞女校到燕京大學，一直都表現優秀的成績，畢業後又雙雙成為女青年會的幹事。下圖為龔澎及夫婿喬冠華。（圖片來源：龔普生照片為作者翻拍攝自《燕京周刊》。龔澎獨照和龔澎及夫婿喬冠華的合照，為作者翻拍攝自《燕京周刊》）

歲的校友，仍見證著這所世界一流學府的輝煌歷史。

司徒雷登，這位出生在中國、從傳教士到駐華大使的人物，始終都與燕京大學有著無法分割的回憶。

說到司徒雷登，一定會提到燕京大學。說到民國時期著名的中國學者——燕京大學這所在中國創立的大學，就成了一個巨大的校碑，永遠成為後人懷想並為之讚嘆的世界學府。[8]

司徒雷登的一生，前半生是教育家，後半生則是外交家。作為教育家的司徒雷登，可以說是成功的，他的名字與中國的教育無法脫勾；但後半生因為涉入了國共內戰，以及他所代表的美國身分，成了一位被中共史學圈稱之為「美國帝國主義代表」的罪名，加上傳教士身分，司徒雷登不論在外交或是文化上，都成了中共取得政權之後一位名副其實「中國的頭號敵人」。

在外交上，司徒雷登護著美帝的利益並與蔣介石等國民黨政權有關；在文化上，作為傳教士的他，是侵略中國的文化急先鋒。無論如何，司徒雷登在歷史上成了中國的頭號敵人、帝國主義的代言人。

斯諾在燕大

說到「紅色中國的外國友人」，即是支持中國共產黨革命的西方人士中一連串的名單，裡面有：馬海德、斯特朗、史沫特萊、埃德加·斯諾、路易·艾黎、愛潑斯坦等人，其中，最富盛名的一定非埃德加·斯諾莫屬。

司徒雷登在未名湖湖畔留影。
（圖片來源：作者翻拍攝自《燕京大學文史資料》乙書）

紅星
與
十字架

埃德加·斯諾這個名字，時至今日，所有在中共黨史的史冊上所記述的、以及民眾所熟悉的，斯諾在中國是一個比哥倫布、華盛頓、愛因斯坦等人更為響亮的名字，沒有一位外國人像斯諾那樣——因著與中共的關係，不僅說明了他是中國的友人，更是中共得以壯大並獲得全世界熟知的關鍵人物。

正是斯諾，讓全世界知道了中國共產黨，尤其是紅軍的將領毛澤東；正因為斯諾，使全世界用了一個正面的眼光看待中共的革命，並以此了解中國，以致於全世界對中共的革命從質疑到佩服的轉變。

《紅星照耀中國》（另譯《西行漫記》）不僅僅是一本忠實報導中共現實的書籍，更甚的是，它成了一本了解中國並使得全世界轉而同情共產黨——並在 1949 年之後，美國在外交上因為斯諾，而對共產黨改觀的關鍵性著作。

1964 年 10 月，斯諾再訪中國，遇見了當年他在燕大兼任講師時的學生龔澎，她一直是周恩來身邊的秘書，時間長達三十年之久。費正清與龔澎這一位他口中的「左派分子」有過接觸，留下了非常深刻的印象。龔澎稱譽斯諾：「你不同於其他一般的美國人」、「人人都知道你是中國人的朋友」。[9] 總之，斯諾不僅是中共的友人，也是中國的恩人，這是斯諾無可取代的原因，以致於只有他，成了 1970 年可以受邀出席在天安門的國慶禮儀上的外國來賓，可以與毛澤東面對面的一位外國人士。[10] 包括尼克森訪問中國並開啟兩國的關係，斯諾都扮演了「傳遞信息」的角色。[11]

誰是斯諾？《紅星照耀中國》何以對中共而言是一本舉足輕

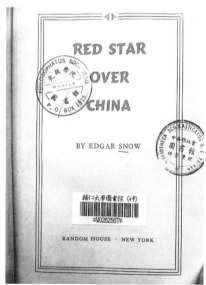

《紅星照耀中國》是第一本被喻為向全世界講述中國共產黨革命的著作。
（圖片來源：作者翻拍攝自《紅星照耀中國》原書封面）

重之作？斯諾與燕大的關係，究竟又與中共的革命構成了何種微妙的關係？《紅星照耀中國》這本書，對中共而言是非常重要的一本著作，然而，很少人留意斯諾本人與燕京大學的關係，以及後來燕大成了支持共產黨革命的堅實分子又有何關係？[12] 燕園裡的「紅色中國的外國友人」又豈止斯諾一人，1949 年後還被人想起的包括有夏仁德（Randolph C. Sailer）、賴樸吾（Ralph Lapwood）等教授。夏仁德之所以成為「中國的友好人士」，「不同於其他一般的美國人」，主要是夏曾經在燕大學生運動中扮演著推動者的角色，燕大校舍裡的「夏宅」曾是學生與斯諾在此討論「一二·九」遊行，《紅星照耀中國》初稿亦在「夏宅」發表，掩護過中共學生地下黨員，並在其中負責收藏及傳遞秘密文件，中共地下黨學生擁有「夏宅」的後門鑰匙。曾經有一次，國民政府軍警要入校抓拿學生，夏仁德就擋在燕大校門口，說這是學校範圍，學生若犯錯應交由校內老師負責教導，不許軍警進入校園。[13]

1928 年，斯諾從美國坐船抵達上海，以一位記者的身分，在中國各地進行採訪。因著密蘇里大學新聞學院與燕京大學的關係，1933 年至 1935 年間曾在密蘇里大學新聞學院就讀過的斯諾，擔任起燕京大學新聞系講師，開授「新聞特寫」等課程，中國著名的作家蕭乾、記者楊濱都曾是他的學生。

1936 年 6 月，斯諾去了陝北共產黨統治區採訪到毛澤東，成了第一位深入紅軍地區的西方記者。1937 年他又回到燕大，與校內部份教授合辦一份名為《民主》的英文雜誌，並連載報導了他在陝北所見所聞，不久就在英國出版了《紅星照耀中國》這部震

撼世界的著作，讓全世界看到了共產黨在中國發展的現況。

　　1937 年之後，斯諾就參與了「工業合作運動」，與支持共產黨的外國友人交往甚密。[14]

　　不管斯諾是在何種情況下走進燕京大學執教──作為一位美國報社駐遠東的新聞記者而言，確實沒有什麼特別之處，斯諾的回憶錄中也說得很少。然而，他能夠進入燕京大學執教，肯定是經過司徒雷登的首肯。

　　斯諾任教於新聞系期間，最引人注目的事件就是斯諾作為一位外國記者卻間接地參與了北平那一場重大的抗日學生運動「一二·九運動」，起源於盔甲廠 13 號。

　　這場學生運動與燕京大學的學生關係密切，斯諾在回憶錄中提到：「1935 年底，燕京大學的學生自發地在北京街頭帶頭舉行示威遊行，從而觸發了全國性的抗議浪潮，也許正是它使華北免於陷入日本人之手。這次愛國示威就是在我們的居住處裡醞釀和籌劃的。」[15] 正是燕大的「一二·九運動」使斯諾接觸到中共地下黨黨員。[16]

　　燕大被稱之為「一二·九運動」發源地。[17] 這個運動是燕大學生自治會發起的，當時擔任自治會主席的即是新聞系學生張兆麟，而這個運動又與校內一些具有共產黨傾向的學生有關，包括：陳翰伯、王汝梅（之後易名為黃華）、龔普生、張淑義等人。

　　斯諾的居所成了激進派學生聚集談論行動的場所，可見，斯諾不僅支持學生，更重要的是學生們信任這位外籍教師，也藉由斯諾，這些學生還寫了一封信，尋求宋慶齡的支持，信由斯諾起

一二・九事件，燕大學生在北京示威抗議隊伍中。
（圖片來源：作者翻拍攝自《燕京大學文史資料》）

草，之後經由美國左派記者史沫特萊轉給了宋慶齡，甚至，斯諾還帶回宋慶齡的信轉給這些學生。[18]

斯諾之後特別撰寫了「一二·九運動」報導，引起外國新聞界的關注，甚至還加上了北平各校聯合發表的宣言——〈平津十校學生自治會為抗日救國爭取自由宣言〉，也是在斯諾家中完成的。1935 年 12 月 9 日在西直門的遊行，斯諾竟也加入了遊行行列。

斯諾在燕大的這些表現，自然引起了宋慶齡的關注，這與之後由宋慶齡的引薦進入陝北蘇區採訪，是有絕對關係的。

這一段與學生的深厚友誼，加上彼此之間的信任，之後這層關係繼續發酵，以致於後來有不少燕大學生直接奔向延安，在斯諾從陝北採訪回到燕大後，其影響才逐漸擴大。

斯諾到達延安

斯諾在中共黨史的地位，在外國人士中之所以無法取代的原因，主要是他成功到達陝北，親眼目睹了共產黨管治的地區，更重要的是他採訪到了毛澤東，毛澤東那一張被廣為流傳並之後大量採用的照片，即是出自於斯諾的相機；再加上 1937 年於英國首度發行《紅星照耀中國》這本書，成功地為共產黨做了正面宣傳的作用：斯諾成了共產黨人最要好的外國友人，他可以近距離地接觸到中國共產黨人，而且是對共產黨忠實且友善的外國記者。

毛澤東從斯諾那裡領教到了「筆桿子」的威力，為他在西方世界——包括共產世界，有了極為正面或積極的印象，最為直接

的影響當然是美國的態度，無疑的，美國從斯諾那裡見識到了共產黨的勢力，並決定了美國之後在國共兩黨間周旋過程中極為重要的參照。

斯諾能夠到達陝北見到毛澤東，之中的過程是相當曲折的。

時任燕大講師的斯諾，接到了宋慶齡的隱密聯繫，要安排他到陝北去採訪中國共產黨。無疑的，首先是宋慶齡必須對斯諾有所信任。上述提及的「一二·九運動」已經見識到斯諾的態度和立場，斯諾被宋慶齡相中這次的採訪任務，肯定是經過嚴格的篩選。此行斯諾與另一位外國人士馬海德醫生同行，其中擔任了隱密引路人的是一位化名為「王牧師」（董健吾）的人，經由他，找到了張學良，借了飛機再輾轉去了蘇區。[19] 這一趟安排，關鍵性的決定了爾後共產黨成功走向國際舞臺的命運，《紅星照耀中國》見證了共產黨的實力，成了在國民黨普遍不利於共產黨的新聞消息中，取得了一個重要的突破點——自此也改變了共產黨的形象，隨之而來的，即是它在國際上的地位，以及在與國民黨的鬥爭中的命運。

關於這一點，從毛澤東和共產黨人而言是再清楚不過的。

成功採訪到紅軍，不僅僅是斯諾個人的改變，更重要的莫過於從陝北回來之後，回到燕大的校園，斯諾獲得司徒雷登的首肯，在燕大校內做了一次非常重大影響力的報告，司徒雷登也親臨斯諾的報告現場。

從陝北帶回來的種種消息和照片，令外界從中了解到毛澤東及其領導的紅軍其種種現況，更重要的是，斯諾這一場在燕大

上圖左：斯諾（左）與毛澤東（右）在延安的合照。
上圖右：斯諾穿上紅軍的服裝。
下圖：斯諾與其夫人海倫在燕大生活時的照片。
（以上圖片來源：作者翻拍自《紅星照耀中國》）

校園的分享會，卻是吸引並激起了前仆後繼的燕大學生們，可謂「沿著斯諾的足跡」走上奔向延安的道路。[20] 從此，共產黨人不再是國民黨宣傳下的土匪，而是不屈不撓的革命者；不再是敗將之軍，而是帶給中國新希望的一個機會。

斯諾有過兩場戶外的演說，主要是播放他在陝北拍攝影片、幻燈片的內容，包括燕大新聞學會於臨湖軒召開全體大會時，還有燕大歷史系學會於臨湖軒舉行選舉會前。據當時參與的同學回憶說：「絕非『震撼』兩個字足以形容的。」

在《紅星照耀中國》一書的內容尚未撰寫並對外發表前，「紅星先照耀了燕園」，兩場演說辦下來，前後有五百多人參加。1936年12月5日的《燕大周刊》第七卷第17、18期，連載斯諾長達萬餘言的〈訪問毛澤東〉報導，可以說，這一批學生是《紅星照耀中國》的第一批讀者。[21]

不少同學看到斯諾拍攝關於中國工農紅軍，以及多位紅軍領袖將領的情況，無一不受到感動的，其中有些同學就乾脆詢問斯諾到延安的路線圖，組成了一個訪問團，從燕園出發。

司徒雷登同意斯諾在燕大校園舉辦的這場陝北之行的報告，為爾後諸多的燕大學生投入共產黨的革命起著推波助瀾的作用。毛澤東巧遇司徒雷登的那段對白是有所本的，了解到這點，也就不難理解何以燕大出了不少「傑出的共產黨員」，並為共產黨取得政權後還順利過渡──這些「優秀的燕大生」，可謂功不可沒。

回到燕大，斯諾另外也做了一件事，即是創辦了英文版《民主》雜誌。

燕大學生組織隊伍沿著斯諾的指示遠赴延安。
（圖片來源：作者翻拍攝自《燕京大學文史資料》）

紅星
與
十字架

　　值得一提的是，這份刊物背後的經費支助是來自美國貴格會，他們支持斯諾夫婦辦一份影響中國青年的雜誌。這份雜誌的編輯委員是由斯諾與校內的幾位老師包括：梁士純、張東蓀、夏仁德等人，司徒雷登在此刊物上還發表過一篇文章〈民主在中國〉。[22]

　　費正清為 1961 年版的《紅星照耀中國》寫序時，提及美國傳教士在中國現代史上所扮演的角色，他們不同於美國外交和商業擴張上的意義，它更多是表現於促進中國現代化的嘗試，尤其致力於通過農業技術在廣大鄉村進行生活建設和改造。

　　費正清特別提及傳教士在思想運動上所帶給中國的刺激，加上從美國歸回的中國學生的行動——無疑地，給了中國變化的可能，斯諾即是在這方面的一個縮影。他如此形容斯諾：[23]

　　在日本侵占滿洲並向華北擴張的行徑占據各報頭條新聞的這段時期，這位年輕的美國人不僅報導了當時發生的事件，還對這些事件背後的中國愛國青年的思想和感情有所觸及。他以行動證明自己是一個具有博大的人類同情心，理解中國知識分子中的革命活動，並能使用基本的中國話與他們交往的青年人。不僅如此，埃德加·斯諾還是一位活動家，樂於推動有意義的事業，而不是一個純被動的旁觀者。尤其是他證明了自己是一個熱情求實的記者，並能正確評價這一時代的主流，用生動的色彩向美國讀者大眾描繪它們。

紅星在燕園蔓延開來

儘管斯諾被中共視為最友好的外國朋友，《西行漫記》曾一度是禁書，特別是文革時期，更視為極為敏感的著作，因為那些早期共黨成員曾被斯諾刻劃為英雄，這回竟被遭到無情的批鬥和清算。當年，斯諾即是躲避國民黨的查緝，才將原書名《紅星照耀中國》改作《西行漫記》，以掩人耳目，共產黨獲得政權之後，1950 年代在抗美援朝和反美帝的風頭浪上，這本書幾乎消聲匿跡。事實上，《西行漫記》中譯本一直都不是全譯，仔細對照，有些段落還刻意漏譯，特別是第十一篇第五章的「那個外國智囊」（蘇俄派到中國來的共產國際分子李德）全章是缺漏的，當 1979 年（毛死後第二年），董樂山的新譯本出版後，竟有人反過來質疑這個譯本的可靠性，認為譯者多加了不實的內容，令人啼笑皆非。見〈《西行漫記》新譯本譯後綴語〉。

《紅星照耀中國》英文版最初於 1937 年 10 月先在英國出版，1938 年 2 月在上海復社發行出版，另譯名作《西行漫記》以躲避國民黨的書刊查緝。這本書一直都是禁書，但由於斯諾是以報導文學寫法的創作，尤其對紅軍人物的刻劃，簡直就是出神入化，因此產生了巨大的效應，成千上萬的中國青年因為讀了這本書而加入了共產黨的革命行列。

透過《紅星照耀中國》這一本書，全世界注意到在中國發生的變化，毛澤東最早戴著紅星帽的照片也流傳到世界各地，全是斯諾所為。如果把《紅星照耀中國》這部書看作是記載了中國共

產黨革命的史詩之作，一點都不為過。[24]

　　曾經流傳過一種說法：「如果想要閱讀馬克思主義的著作，可以從燕京圖書館借，不會受到懲罰。」言下之意，這是一所主張自由思想的基督教大學。[25] 根據斯諾的回憶錄中提到，燕大圖書館的藏書有不少是關於馬克思主義和社會主義相關的書籍，甚至還有一些像工運或工黨有關的雜誌。

　　斯諾夫人也提到，她在燕大裡真正感受到並證實的是「基督教是當今所有宗教中最具革命性的，只可惜絕大部份中國人對基督教帶有敵意。」所以斯諾夫人認為，當時的中國所需要的是基督教社會主義的傳教士，當時的新聞系主任梁士純也認同她的想法。[26] 從某種角度而言，司徒雷登帶領下的燕大相當符合他們的期待，其中即具體地體現在幾位燕大教授身上，包括了蒲愛德（社會系）、夏仁德（心理系，教育系）、賴樸吾（數學系）等人，這些人都是 1949 年後在一片反帝、反美的情緒之下，仍受到中國共產黨肯定的外國人士。[27]

　　提到心理系的夏仁德，有過一則精采的故事，燕大的共產黨學生後來回憶起來，基本上都不會忘了提到這件事。「一二‧九運動」爆發後，學生隊伍被困在西直門，飢寒交迫，夏仁德送來了食物。

　　夏仁德的家更是這些激進學生的聚集處。夏仁德把家的後門鑰匙交給陳翰伯，還讓他們自由出入，以致於這些學生的機密文件都交給他保管，以防一旦出事，牽連到學生，責任都由夏仁德一肩扛起。[28]

　　由於學生運動高漲，燕大又成為眾矢之的，國民黨軍警常藉故要捉人，結果都被夏仁德擋在門外，沒有人敢進入校園捉人，更不用說到夏仁德的家裡。就這樣，夏仁德在一片控訴美國帝國主義侵化的聲浪中，他卻受到燕大共產黨中堅分子的肯定，並得到周恩來的接見，稱他是「中國人民的朋友」。[29]

　　1931 年以來，國民黨政府開始進入校園，大肆搜捕一些異議分子，尤其是學生運動的領袖，大都受到嚴密的監控。根據一位早期曾參與共產國際的學生張放（劉進中）回憶：

　　由於燕大是美國教會創辦的，政府不敢妄加干涉，軍警也不敢進校騷擾，因此，共產黨在校內幾乎能公開活動，從而反日愛國運動也蓬勃發展。學校當局對這些活動也從來不予阻撓。因此，燕大從來未發生過像其他大學那樣的因校方干涉而舉行罷課。反之，校方——特別是司徒雷登校長還表示支持學生運動。……在學校和司徒雷登的保護傘下，學校黨支部的活動很少遭到破壞，黨員也發展到五十多人，這可能是北京各大學黨員最多的學校。[30]

　　的確，正因為是一所私辦的教會學校，燕京大學享有治外法權所賦予的豁免權，學生和老師成了被保護的對象，國民黨的軍警不能擅闖校園捉人，這一個政治現實非常的重要，它同時也保護了燕大校園中具有中共地下黨身分的學生。

　　在當時，燕大可以說是中國於民國時期裡最自由的大學，從

學生自治會的組成、和學生自由言論到參與示威抗議，都可以說明這一切。尤其燕大的大家長司徒雷登的意向是非常重要的，他的種種言行和立場，也都讓學生相信學校是站在他們這一方的。1934 年發生的一個例子最具代表性。

由於學生南下向蔣介石表達對日態度軟弱的不滿，學校與政府之間難以化解其中可能的衝突，當時在美募款的司徒雷登不得不提早返回北京，參與的學生都擔心校長突然回來是要責備他們，心中不免憂心忡忡。但是，那天的大會，校長的發言卻令他們熱淚盈眶，深受感動。

根據學生回憶當時的情況：司徒校長走上臺，沈默了兩、三分鐘，然後說了這麼一段話：[31]

我在上海下船，一登上岸就問接我的人：「燕京的學生來南京請願了嗎？」

他們回答我：「燕京學生大部份都來了！」

我聽了之後這才放心：「如果燕京學生沒有來請願，那就說明我辦教育幾十年，可謂完全失敗了。」

同樣的，「一二·九運動」結束後，司徒雷登面對全體學生在禮堂聚集時，他的發言更是令人敬佩：[32]

今日重見諸君，頗足欣慰，對諸君言行，認為足以自豪，對中國也覺其有遠大之希望。在此嚴重國難時期，學生苟不謀盡其

責任，則救國自少希望。據余所知，此次華北學生運動，實有實質之效果，其努力並非虛擲。在美時，有人謂中國學生宜潛心學業，不當干預政治為言者。余則請其翻閱美國革命史，苟令今日之中國學生，在國難期中而不謀救國之道者，則國家也至無希望也。

諸君除此種實際救國運動外，並能決然參加考試，繼續學業，實令余更覺滿意，因此種冷靜之決定需要更多之認識與勇氣。諸君在救國運動中所受艱苦固匪淺，然在當時情況下，此種決定實尚易於繼續學業之決定。而諸君獨能兼顧學業，不居功，不畏難，此種勇氣與認識之表現，實為本校為中國訓練青年男女領袖，復興中國之宗旨之證明。過去數月間之活動，且足為「民治」及良好公民之優良訓練。

無疑地，司徒校長的態度給了共產黨地下黨員在燕大取得自由發展的空間。

在燕大所參與的學生運動中，尤以「三‧一八慘案」最為慘烈，燕大學生魏士毅在這場反對列強侵略中國的壓迫中被犧牲，司徒雷登先後四次主持校級和院長級的會議，以研究如何善後；最重要的，莫過於司徒雷登同意在校園內設立魏士毅的紀念碑，此碑上銘刻著：

國有巨蠹政不綱
城狐社鼠爭跳梁

公門喋血殲我良
犧牲小己終取償
北門無酒南箕揚
民心向背關興亡
願後死者長毋忘

「九・一八事變」後，《燕大周刊》（1931）以反日專號，開篇即見司徒雷登義正嚴詞對日本侵略的反擊，並強調自己是站在中國這一邊。這位文質彬彬的燕大校長，在他的回憶錄中，說到他與中國共產黨的關係：

許多燕大的畢業生都「去了山那邊」（指加入了共產黨），後來我與很多人會面，他們的表現也令我很安心，因為他們均堅信自己是在秉承著燕大的校訓奮鬥。「因真理、得自由、以服務」的宗旨，象徵了共產主義運動起初的理想階段。我熱愛自由，守護自由，因此也支持學生們選擇自己人生道路的權力。[33]

這是一段令人感動的話，司徒雷登的言行舉動都站在學生的立場上，同時也是實踐燕大校訓的初衷和理想。

燕京大學是一所基督教大學，同時亦是一個培養共產黨員的溫床，和別的學校相比，其共產黨員的比例是比較高的，值得提及的幾位都具有基督徒身分或背景。[34]

首先要提的是張淑義，這位加入共產黨的燕大生，一直都活

躍於基督教女青年會，在一篇〈一二‧九運動中的基督教學生〉文中說明了當時基督徒參與學生運動的情形。[35]

　　說到張淑義，一定要說到他的父親張欽士，他在當時是一位著名的基督徒、北京生命社社員，曾編譯有《革命的耶穌》一書。張欽士在思想上主張基督教社會革命的思想，而生命社主要成員也是燕大的教師，包括：司徒雷登、劉廷芳、吳雷川、趙紫宸、徐寶謙、洪業、博晨光（L. C. Porter）、吳文藻等人，以推動基督教新文化運動為旨，它可以被視為是燕大基督徒團契的一支。[36]

　　張欽士與徐寶謙、吳耀宗被基督教界喻為「基督教三傑」，同是畢業於北京稅務專門學校，一同歸信並受洗成為基督徒，三人亦同時放棄了稅務局優厚的工作薪資，一時被傳為佳話。[37]

　　張淑義於 1932 年進入燕大就讀社會學系，1935 年加入共產黨，在燕大地上黨期間相當的活躍。張淑義以河北省基督教學生團體聯合會主席的身分活躍於學生運動之中，她以代表的身分參加了全國基督教學生團體聯合會，並以此結合全國基督徒學生的行動。

　　她之所以加入共產黨，主要認為基於為真理而奮鬥的態度，因此在基督徒與共黨員之間並不衝突，藉著河北聯的平臺，她得以聯結青年會及學生團契的學生領袖，他們都是當時育英、潞河、崇慈、崇德、匯文、慕貞等教會學校的進步青年，因此不論是動員和行動，教會學校均不落人後。[38]

　　1936 年，張淑義畢業後即刻加入了上海女青會會勞工部，奔

張淑義的父親張欽士（1890-1931）是一位著名的
基督徒學者，編著有《革命的耶穌》。張欽士 1915
年畢業於北京稅務專門學校，他和徐寶謙、吳耀宗
同時歸信了基督教，三人也同時放棄了高薪的稅務
局工作，一時在基督教界傳為佳話，被稱為「基督
教三傑」。張欽士曾任北京基督教青年會學生部幹
事，編輯出版《國內近十年來之宗教思潮─燕京華
文學校研究科參考材料》（1927）。
（圖片來源：作者攝自《革命的耶穌》原書）

走於全國各地婦女救國活動，成立女工學校，帶動婦女勞工的解放，成績斐然。[39]

紅星照耀燕園，照出了兩位姐妹花投入了革命，照出新的共和國未來，這兩位基督徒即是龔澎和龔普生姐妹，兩位姐妹還曾擔任過女青年會幹事，並代表出國參加會議。龔氏姐妹是上海（聖公會）聖瑪利亞女校的傑出校友，他們對基督教的認識從這裡開始。[40]

龔普生對基督教的認識，與其之後的實踐有極為密切的關係。她在基督教圈子裡最為活躍的階段是在全國女青年會時期，然而於此同時，她又是基督教學生運動中最為激進的組織——上海聯最為重要的領導人之一。

上海聯是一個中共地下黨組織，龔普生的思想傾向於一種基督教的激進主義，她認為耶穌是一位大而無畏的革命家，她的言論處處表現為與當時的社會和宗教傳統格格不入，所以信仰基督就應該追隨她這樣的革命精神，反抗一切惡勢力。

龔普生指出，基督教是非常簡易的，它與一種生活的動向有關，這種動向並不需要高深的理論，因而她說：

基督教為有閒有錢者所專有，對於無錢無勢力者卻成了馴服主子的教條。然而在耶穌所啟示的宗教又豈是如此呢，他沒有叫人整天玄虛的幻想，不在現實中尋光明，相反地，他指出人應以革命的精神，不妥協的態度向實踐的路上走，把天國建立在人間。在他引用比喻中和解決糾紛方法裡，到處都反映出他生活經

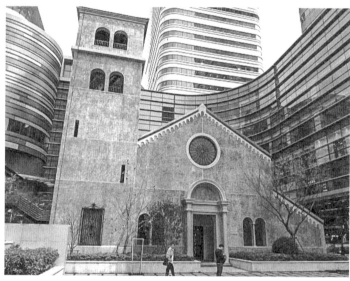

位於上海市的聖瑪利亞女校遺址，位處中山公園西南側，長寧路 1187 號。
（圖片來源：作者拍攝於現場）

驗的豐富和對客觀環境的認識。但信奉他的人往往只知道閉門修身作為貫徹主道的主要方法，結果一些不確切主張竟成了惡勢力的先驅，或者惡勢力已不待個別靈修靜養的功德完滿，就把世界征服了。[41]

　　總之，龔普生認為，真正基督的凱旋即在於基督徒要去實踐他的真理，即是革命地實踐他對一切勢力的對抗，只有這樣，基督才真正地凱旋。

　　我們在此必須提到一個在上海活躍的基督徒學生組織──上海基督教學生團體聯合會，簡稱「上海聯」。這個組織非常特別，它可以說是基督教學生運動中最為激進的團體，當然，其關鍵在於大多數學生都加入了共產黨，我們可以從他們主編出版的《聯聲》嗅出其左派的味道。

　　龔普生和龔澎畢業後，離開北京就回到上海，姐姐進入女青年會，妹妹則回母校聖瑪利亞女子中學教授地理課，她倆一直都是上海聯忠實的支持者，不久，龔澎奔向延安，龔普生繼續在女青年會奮鬥，後者的精神感召力特別強，在學生之中，她頗有「教母」之勢。[42]

　　作為一名中共地下黨員，女青年會幹事的身分則是一把保護傘。

　　一方面，龔普生積極介紹馬列主義思想，並吸引青年加入共產黨，[43] 一方面，她通過女青年會國際組織，在國際的場合中，宣傳中國在抗戰時期的處境，以引起國際輿論的反映。

紅星
與
十字架

　　1939 年，龔普生以中國基督教青年會的代表身分赴歐，參加世界青年會大會，讓世界各國關注中國在抗戰時的情勢。1941 年，龔普生赴美進入哥倫比亞大學就讀並取得碩士學位，提交的論文題目是〈抗戰時期的中國基督教學生運動 1937-1941〉（Student Christian Movement in War Time China, 1937-1941）。[44]

　　哥倫比亞大學在二戰前後，成了接收來自歐洲流亡和反法西斯的學者，其中最著名的即是匈牙利新馬克思主義者馬庫色（Herbert Marcuse）。馬庫色離開德國，經英國再落腳紐約，就是在哥大任職。

　　哥倫比亞大學對遠從中國來的知識青年，無疑地，也影響到他們反法西斯以及革命的理想主義人格，這與那一些到哥倫比亞大學對街——紐約協和神學院所造就出來的中國基督徒學生，有異曲同工之妙，他們都走向強烈的社會實踐的道路。[45]

　　龔普生的外語能力也表現在文字翻譯的工作上，最具代表性的莫過於是她曾翻譯著名的文學家丁玲的小說集《我在霞村的時候》。我們注意到，丁玲的文學在中國及世界反法西斯戰爭中有著獨特的位置，丁玲的小說在 1945 年曾由龔普生翻譯，以 When I Was in Sha Chuan 為題，在印度出版，透過小說，聯結起世界的反法西斯工作，這也可以說是龔的貢獻之一。[46]

　　龔普生的妹妹龔澎同樣是一位基督徒。龔澎就讀燕京大學時加入中國共產黨，在周恩來身邊擔任翻譯長達三十年之久，亦是一位出色的外交家。費正清在他的中國回憶錄中提及與共產黨革命青年的接觸，文中提及兩位都是女性，同是燕大的畢業生，龔

澎給他留下了深刻的印象；另一位是楊繽，後改名為楊剛，也是英語了得，她曾譯有美國神學家尼布爾的《道德的人與不道德的社會》和《蘇聯的宗教與無神論之研究》二書，她也編著了一本巨著《中國社會生活的發展與訓練》，全書近二百頁，以生產方式和生產力的發展角度來解釋數千年來中國的變局，對中國社會史的演進做出精闢的分析，堪稱可以比美郭沫若的《中國古代社會研究》，是一本以唯物主義辯證法為依循的中國社會批判之著作。[47]

「在這樣的環境中，龔澎是自由言論的代表。她的確是一位充滿魅力的姑娘，美國大使和外國記者招待所裡的大部分年輕人都很喜歡她。」這是費正清對龔澎的形容，並介紹說：

　　龔澎於 1915 年出生於橫濱，在廣州長大，1925 年後去了上海。她的父親是保定陸軍軍官學校的第一批學生，於 1911 年辛亥革命期間成為一名將軍。龔澎自小就很崇拜她的父親，當父親講述自己的革命經歷時，她很入迷，後發展成為對中國羅賓漢式的武俠小說的浪漫興趣。與此同時，她在成長中還深受 1925 年 5 月 30 日發生在上海的「五卅」反帝國主義運動的影響。

　　1928 年龔澎在聖瑪利亞女子中學就讀，這是一所女子教會學校，與聖約翰大學有著密切聯繫，是當時上海中產階級家庭為女孩首選的學校。她還一度篤信基督教並迷戀英國文學。她在中學和大學時所用的名字都是「龔維航（Kung Wei-hang）」，到了延安之後才改作龔澎。1935 年，她進入燕京大學，並成為「一二·九」

學生運動的領袖之一，這最終使她成為一位有著堅定信念的革命者。

1937 年畢業後，她在上海待了六個月，在聖瑪利亞女子中學從事教學和賑濟工作，但最終決定離家前往延安。當時正值國共兩黨統一戰線的黃金時期，她經漢口最終來到延安。[48]

龔氏兩姐妹的外交長才，與她們一直在教會學校就讀有必然的關係。

聖瑪利亞女子中學是一所全英語教學的聖公會中學，它就設在聖約翰大學內，師生對話都使用英語，在此優異的環境下培養出了龔氏姐妹，可以在國際人士和國際場合上施展才華，姐姐加入女青會，妹妹去了延安，其工作性質一直都離不開翻譯。[49]

中華人民共和國成立，龔普生擔任國際司副司長，龔澎擔任情報司司長暨香港《中國文摘》主編，當然更值得一提的是，龔澎的夫婿喬冠華也任職於外交部，位職僅次於周恩來，擔任外交政策委員會副主任委員兼新華社華南分社社長。[50]

兩姐妹給人們留下最深刻印象的即是她們還是燕大學生時，為使外國記者了解「一二·九」學生運動的真相，聯手主持由學生自治會所召開的外國記者招待會，當時龔普生是自治會副主席，龔澎則是執行委員會的財務部部長。

燕京大學在為爭取民族獨立、民主愛國的鬥爭中，湧現出許多英雄人物，其中最為突出的當數烈士。現在查明的燕京大學在革命戰爭年代（包括建國以後），共有十七位烈士，其中有十二名

共產黨員當中最年輕的年僅二十一歲，最年長的也才三十八歲，他們之中有黨的領導骨幹，也有普通人物。在第一次國內革命戰爭時期犧牲一人，第二次國內革命戰爭時期犧牲四人，抗日戰爭時期犧牲七人，第三次國內革命戰爭時期犧牲一人，建國後犧牲四人。[51]

司徒雷登永別燕園

司徒雷登在中國的教會界中早已被歸類為「現代派」。[52] 相對保守的立場而言，現代派屬於自由的一方，在諸多的教義立場上，現代派都會被保守人士視為離經叛道者，在中國，司徒雷登經常是受到批評的，認為他有違正統。

為籌辦燕大，司徒雷登回到美國募款，首站就遇到困難。

有人就當著他的面，引述了在中國傳教士中流傳的一篇「批評他是現代派」的文章而受到質疑。司徒雷登願意接受他們的質詢，並為自己陳述，結果，他說服了他們，司徒雷登此行帶著豐富的成果回到北京。司徒雷登本人會籍原屬於美南長老會，美國南方長老大會曾針對他的事件開會討論，之後對他的評價是：

在長老會中，還從未有人像司徒雷登博士一樣對神學如此審慎的態度，也從未有人如他這般讓長老會堅信其對信仰的虔敬態度。長老會認為，那些對於司徒雷登博士的指控純屬無稽之談，且毫無根由。他並沒有使自己捲入這場公開化的衝突，全權委託

長老會處理此事，而他本人則繼續在遙遠的中國默默無聞地為偉大的事業做出貢獻。此舉顯示了其人崇高的基督教品格。[53]

　　燕大的校訓：「因真理，得自由，以服務」是基督教社會主義精神的體現。也許燕大的激進派學生想著的，也不是什麼共產主義或資本主義，他們本於服務的精神，希望奉獻一己之力，來為這苦難的時代分擔痛苦，想的也不是什麼權力或鬥爭，而是基督教教育中耳濡目染的公義與愛的生活。正如司徒雷登所說的：「有一些學生在和共產黨相處之後回來，眼中盡發著激情，向我闡述他們多麼努力服務勞苦大眾，用心去實踐我們的校訓。我所了解的所有其他大學校訓中，還沒有哪一個能夠對它的學生產生如此重大而有力的影響。」[54]

　　這校訓是兩段經文的綜合，《聖經‧馬太福音》二十章二十八節和《聖經‧約翰福音》八章三十二節，「不是要受人的服事，乃是要服事人」、「你們必曉得真理，真理必叫你們得以自由」也許我們可以反諷地說，作為教育家又作為傳教士雙重身分的司徒雷登，愈多的燕大學生投身於共產黨，愈是證明了他的成功。

　　說到基督教社會主義思想，沒有比燕大的首位中國人校長吳雷川更具代表性的了，他可以說中國基督教社會主義思想家，《基督教與中國文化》和《墨翟與耶穌》是象徵最清楚的代表作。[55]

　　吳雷川認為，耶穌一生的目的就是革命，他將他所得於天的聰明才力，乃至整個的生命，完全貢獻於革命的事業：

　　革命就是改造環境，自不待煩言而解了。世界是人人有分的，革命絕不是一種特殊的事業，而是普通人都應當盡的天職，無論何人，各有他的環境，都可以憑著自己的力量來改造，所以人人都可以參加革命的事工，都是革命的一分子。改造社會，既是人類的共同目的，所以必先預備自己，才能改造社會。[56]

　　從革命或改造社會的意義而言，基督教對於物質的強調或肯定是確切無疑的，正是在這個觀點之下，吳雷川不僅不接受《聖經》中種種關於神蹟的描繪，也認為基督教的社會改造是從物質層面做起，正如耶穌所面對的第一個試探是對物質的克服，以及主禱文亦表現出對於物質需要的重視，都再再顯示了基督教的思想起點。關於這一點，吳雷川亦留意到宗教的物質起源，所以承認「宗教是不滿意於政治現象的反動及其與無產階級的關係」。[57]

　　燕大宗教系著名學者趙紫宸為吳雷川的思想，做了一個精準的註腳：

> 革命耶穌先烈，
> 有十架堪為圭臬。
> 推倒強權成眾志，
> 把內憂外患齊消滅。
> 新文化，永建設！[58]

　　像吳雷川這類燕大「翰林」的老國學家，是中國基督教史上

出現的「紅色基督徒」的「縱火者（passion）」，他們為革命做了思想和理論上的準備與支持，而那些前仆後繼的燕大生則走上「導爭者（action）」的道路。[59]

《西行漫記》的影響力，確實遠遠超過我們的想像。

斯諾的文筆存在著一種吸引力，這是記者職業上具有的那種使命性的特質，說是「報導」，不如說是「宣傳」，因為那種來自於對共產黨的同情，以及廣大的讀者對神秘的延安和毛澤東的好奇，都為《西行漫記》這本書加添了一種魔力──或許這也不是斯諾原來可以想像得到的。

《西行漫記》給日益焦慮的、且有世界意識的自由主義知識分子，留下了深刻的印象，這本書在英語世界出版不久，不及半年的時間，就已刷了五個版次，這也就使得西方政治家和社會，不得不重新評價蔣介石，並對國民黨產生了一種質疑，漸漸地開始同情起共產黨，同時也好奇地想了解「中國究竟未來的變化會是如何？」這顯然已不是國民黨或蔣介石單方面的認識或理解可以說清楚的。

由於長期以來遭到新聞的封鎖，外界對於紅軍在蘇區的種種就愈是感到好奇，同時也加深了毛澤東和延安的神秘性。

一位著名的記者蘭德（Peter Rand），說到《西行漫記》激發了年輕的左派分子、激進的學生甚至是自由主義者，奔向紅色聖地，它使得毛澤東成了全國以及全世界關注的焦點──斯諾的報導，不僅僅成功將共產黨推向全國，也推向了全世界。

由於斯諾是冒著生命的危險到達蘇區，這也就加深了《西行

漫記》的價值，儘管斯諾本人並非共產黨員，但他的報導等於是間接地肯定共產黨的地位和影響力，因此斯諾在中共的地位之所以如此顯著，絕對不是一件偶然的事，他本人也因而成為世界著名的記者，同時也使得歐美世界的外交行動上無不先從斯諾的著作中多所理解，以利於判斷。

對於斯諾在那個時期為中國所做的事，被譽為「中美文學大使」的董鼎山說了一段令人深思的話：

我對斯諾有無比的景仰，斯諾並不是共產主義信徒，他甚至對馬克思主義也是缺乏研究，他對受壓迫人民的同情乃是他的中西部人道主義基督徒的本能。[60]

這段評論同樣適用於形容革命時期「那些投身或協助中國共產黨的紅色基督徒或左傾的紅色傳教士」，主要是來自於他們信仰的良心，同情弱者並在行動上向施暴者說「不」——面對中國所遭遇的磨難，沒有不行動的理由，特別是介於外國勢力那一端，不論是基督徒身分或外國傳教士，內心都是極為矛盾的，因而走上支持共產黨，似乎是他們認為最富理想和同情的一條路，哪怕不免被人質疑或反對，因為他們最初並沒有想到共產革命最後能取得勝利，所以他們的投入無不令人感動。

司徒雷登的態度也是一樣，是來自於他對中國苦難的同情和基督徒的良知和行動。

司徒雷登出生在中國，他在中國生活了半個世紀，他的一

生與中國不可分割，擔任大使的時間約兩年多，但在其他的日子裡，他的身分實為一位傳教士，比起去調解國共的矛盾，熱心傳教和辦教育才是「真實的司徒雷登」。

司徒雷登感性地說：

我一生中大部分的時間都是以中國為家。精神上的屢屢紐帶，把我和那個偉大的國家及其偉大的人民聯繫在一起，我不但出生在那個國家裡，而且還在那裡長期居住過，結識了許多朋友。我有幸在那裡度過了我的童年，後來又回到那裡當傳教士，研究中國文化，當福音派神學教授和大學校長。1946 年，我在意想不到的情況下，被提升為美國駐南京大使，然而，在 1949 年，我作為大使，最終卻是很不愉快地離開了那個國家。[61]

在國共內戰期間，司徒的內心是痛苦的，承受巨大的壓力，共產黨這邊說他偏袒蔣介石，國民黨這邊也不信任他，蔣介石對他多所抱怨，他的私密友人傅涇波說到這一段都不禁熱淚盈眶：[62]

老人家在中國生活了半個世紀，經歷過種種際遇，甚至坐過牢，但卻以擔任大使的這幾年最為心力交瘁，承受了最多的壓力和痛苦。好像對待垂危的雙親，明知沒有希望，仍不惜一切地去搶救。在那不斷遭受挫折的日子裡，老人家朝夕禱告，祈求上帝給他指引，賜他力量；又不時捶胸痛哭·語不成聲，責備自己竟未

能完成他必須完成的任務。我們每天一同禱告，親睹此情此景，真是心如刀絞！

司徒雷登最後離開中國，是與他昔日在燕大的一位學生黃華接觸並安排的。在情感上，是黃華「應該去看看老校長」。黃華後來成了中華人民共和國外交部長，也曾擔任駐聯合國的大使。從外界看來，這是一個極為尷尬的時刻，但司徒雷登還是向時任南京軍管會外事處處長的黃華表示感謝，並期許後會有期。[63]

中共正式取得政權之際，毛澤東有一篇很有名的文章〈別了，司徒雷登〉，刊於《新華社》（1949 年 8 月 18 日），這篇文章經常被理解為一篇揶揄或調侃美國駐華大使司徒雷登的文章，但是實情並非如此。

的確，這篇文章通篇是針對美國的白皮書盡其可能的冷嘲熱諷，但也透露出毛澤東對於司徒雷登夾雜在其中的為難，這是一篇毛澤東對司徒雷登仍帶有感情的文章，表露了中共對司徒雷登和美國之間一種複雜的感情，尤其是很少人留意到其背後有著有一段非常曲折的故事。[64]

最富戲劇性的即是原來毛澤東已答應當時尚滯留在南京的司徒雷登，在離開中國之前，允許他到北京一趟，回燕大看看並參加同事和學生為他辦的七十歲大壽（每年 6 月 24 日，司徒校長都要回燕大過生日），當時的燕大校長陸志韋的邀請信都已寄來，藉此也與毛澤東、周恩來見面。[65] 司徒留下來，就是準備並要和新政權談判，他樂觀相信，基於燕大在共產黨中的評價，應可以有

1949 年 8 月 8 日，毛澤東在《人民日報》發表〈別了，司徒雷登〉一文，9 月 20 又轉載於《新華日報》，以後凡出版《毛澤東選集》必收錄此文，使得這位具有傳教士身分的美國駐華人使成為家喻戶曉的「侵華人士」。（圖片來源：作者取自網路）

積極的作用，伸出橄欖枝，以修補美國與中國新政府的關係。然而，此事卻因美國國務卿來電召他回美，而臨時改變了計劃，8月2日，司徒只好帶著遺憾，失望地在南京機場揮別了他生活超過五十年的中國。[66]

司徒雷登8月離開了中國，11月卻突然中風送院，從此就行動不便，基本上須長期臥床，直到1962年9月19日與世長辭。也許司徒雷登最痛的，莫過於他似乎成了喪家犬，一連串對美國帝國主義的批判聲浪中成為眾矢之的，連他燕大的舊事（包括宗教學院院長趙紫宸）也不放過他、數落他的過錯，指控其為間諜、侵略者。

不論在延安或是中共政權建立的重要人物，不知有多少燕京大學的校友：黃華（汝梅）、陳翰生、雷潔瓊、[67] 龔澎、龔普生等都是燕大優秀的畢業生，又是中共優秀的革命同志，燕大培養了中國一流的學子，這些學子都參與了中共的革命，燕京大學在中共的革命史上，應該記上一筆，中國共產黨的基督友人，燕京大學以「因真理、得自由、以服務」為精神，為中國的革命播下了輝煌與燦爛的果實。這也就不難理解，在1949年3月18日美國參議院外交委員會的聽證會上，竟有議員發言說：

　　據說燕京大學有近一半的學生在共產黨陣營中，這些人都與司徒雷登有著良好的師生關係。[68]

在一篇題為〈共產主義與中國基督教大學〉（1948）的報告

中，清楚的指出燕京大學已成了共產黨漫延的大本營。這是一位
名為 Roderick Scott 的人寫的，他任教於福建協和大學。根據他從
非基督教運動的分析，他認為在中國大學圈子中藉基督教的自由
追求和人格的發展啟動了這場革命，共產黨在此中成了推波助瀾
的角色，作者特別提及孫中山與俄國布爾什維克黨的微妙關係，
孫在臨死前，特別推崇列寧的革命，燕大宗教學院院長劉廷芳在
孫中山的追思會上的發言，也不斷地強調孫中山如何鼓吹革命與
民族主義的風潮。

作者特別引述了徐謙對基督教以一種革命的姿態出現為解
釋，這無疑的吸引了青年特別是自由派的基督徒學生的青睞。他
說到，在北京的基督教圈子裡流行的一份報刊《真理周刊》，總編
輯是寶廣林，這份報刊在北京屬於激進基督徒和政治思想的自由
論壇，所以他們同屬於社會福音派的主張，包括了青年會的十一
位領袖、燕京大學和北京基督教學生聯盟以及當地教會的人士，
如劉廷芳、李榮方、吳耀宗、徐寶謙等人。

這些遠在太平洋那一端的美國人所做的評斷，基本上是正
確的，毫不誇張地說，司徒雷登有功於壯大共產黨或左派的知識
精英。司徒雷登身處中國最為尖銳的時刻，既被學生們的滿腔熱
血和無私情操所感動，同時也不可避免地在很多問題的看法上，
受到他們的影響，無論是作為燕園的師長或者是言行一致的自由
派基督徒，他都以最大的熱情保護他的學生，避免受政治迫害，
尤其對於當時激進的共產黨人，他都嘗試站到他們的立場上做判
斷。傅涇波曾見到司徒家中藏有一些共產黨的書籍和文件，司徒

說這是學生們放在他處的。[69] 有人問傅涇波，何以司徒雷登如此保護和幫助這些親共學生？傅這樣回答：

> 因為他們是他的學生，而他是他們的校長；
>
> 因為他們在困難之中，而他是一個傳教士；
>
> 因為他們是愛國抗日，而他是半個中國人。[70]

傅涇波（1900-1988）一直是一位極為低調且神秘的人物，他與司徒雷登的關係極其緊密到外界都無法想像，包括司徒擔任大使期間，司徒完全信任這位身邊的秘書，他們之間的友誼非比尋常，以至於有人提醒司徒應小心防範傅。司徒回到美國後不久中風，傅涇波仍是緊緊跟隨並照顧司徒，並一心惦念著要完成司徒校長的遺願，將骨灰葬回燕園。

司徒雷登與斯諾生前都有一個共同的遺願，即是「死後有部份的骨灰要埋在燕園未名湖附近」，這不是巧合，不如說是他們與燕大的關係如此的緊密。

1973 年，斯諾的願望實現了，而司徒雷登則只被允許回葬到他的出生地杭州（2008），無緣與妻同葬於他一手創建並帶領的燕大校園內，這算是中國共產黨對這一位基督徒友人的懲罰吧。

不論中國共產黨如何定罪司徒雷登是帝國主義的侵略分子，燕大的學生對這位毛澤東口中的「平素裝著愛美國也愛中國」的「永遠的校長」仍充滿著無限的敬愛與哀思，關於他的點點滴滴，似乎無法說盡。

司徒雷登無法如願與妻子同葬在燕大校園內，最終中國官方只允
許其葬在他的出生地杭州一般墓園中。
（圖片來源：作者拍攝於現場）

司徒雷登出生於杭州耶穌堂弄 3 號的教堂牧師樓，
現址巷弄中，設有一座他的銅像。
（圖片來源：作者拍攝於現場）

斯諾得到中國政府的特別禮遇,將其部份骨灰葬在舊燕大的未名湖旁,表達了對這位「中國人民的美國朋友」的敬意。
(圖片來源:作者拍攝於現場)

第 2 章

化名「王牧師」的
上海聖彼得堂牧師
——董健吾照料毛澤東的三個小孩

地下黨是在敵人的統治區進行鬥爭的，是在敵我力量懸殊，相對地說，是在敵強我弱的形勢下進行鬥爭的。如果不注意統一戰線問題，就會使自己陷於孤立和被動，可能為敵人攻擊和打敗。誰是我們的敵人，誰是我們的朋友，這是革命的根本問題。[1]

——馬識途《在地下》

斯諾口中的「王牧師」

1970 年 10 月，被中國共產黨譽為「中國最友好的外國友人」——斯諾，終於又有機會拜訪中國，離上回訪問中國已是六年前的事。

這時的中國，正是文化大革命最為激烈的時候，斯諾意外地受邀上了天安門城樓參加國慶典禮，在這場合裡，斯諾終於見到他的老朋友毛澤東和周恩來，斯諾突然向周恩來打聽當年帶他到延安的「王牧師（Pastor Wang）」在何處？並想與他見見面，周恩來沒有積極回應斯諾的請求，就此也不再有下文。

儘管周恩來沒有正面回應斯諾，但斯諾還是託人去打聽「王牧師」的下落。在這同時，這位「王牧師」因病重入院求醫，但醫院卻沒有理會這位老人，把他置於醫院病房的走道邊，最後仍沒有等到病房，而只是返家。據說，最後還被鄧穎超找到了，只是「王牧師」已進入彌留狀態，再緊急送回醫院已回天乏術，斯諾最終也沒有獲得任何「王牧師」的下落而離開了中國。

斯諾口中的這位「王牧師」，即是畢業於上海聖約翰大學，後來擔任上海聖公會聖彼得堂牧師的董健吾，外界公開稱呼他作「紅色牧師」。

任何讀者一開始打開閱讀《紅星照耀中國》時，立即會留意到「王牧師」，正是此人把斯諾成功送到陝北保安（今志丹縣），得以見到毛澤東、周恩來和彭懷德等人的。

中國共產黨中央特別行動科中的「紅色牧師」

話說斯諾已聯繫上了宋慶齡，安排他到陝北蘇區採訪，宋做好了萬全的準備，安排了她最相信的人董健吾，接應他並去見毛澤東。董健吾到西安後，從西京招待所的旅客登記簿上看到斯諾和馬海德已經到了西安，於是他直接來到九號房間，果然有兩個外國人在聊天。

董健吾用流利的英語問道：「兩位先生好！我可以進來嗎？」斯諾和馬海德見到他的長相、身材、打扮與宋慶齡介紹的相似，心中暗暗高興，卻不動聲色地問：

「您有什麼事，請說吧！」

「敝姓王，與 M.S. 是朋友。」（按：「孫夫人」Madam Sun）

「您就是王牧師！」兩人異口同聲的叫了起來。

董健吾點了點頭，從貼身的衣袋裡取出接頭信物：半張名片，馬海德忙取出另半張，拼對相符，關係接上了。

董健吾說著，在胸前劃了一個「十」字。原來這句話就是他

董會吾會長

Rev. S. C. Kuo

Rev. H. C. Tung

董會長於一九二五年六月，就任本堂牧師，是爲本堂自立後第五任區牧，一九三一年七月辭職。六年來對於本堂教務，建設不遺餘力。

（上圖）年邁時的董健吾（作者翻拍自《神秘的紅色牧師》）；（下圖）擔任聖公會上海聖彼得堂牧師時的董健吾（圖片來源：作者翻拍自《聖公會上海聖彼得堂特刊》）。

83

們的聯絡暗語。

由於所有的互動過程都極為保密，因此他們的見面充滿著戲劇的張力，斯諾在其著作中，詳細的描述了兩人見面的過程：

我在旅館裡住下來後，過了幾天，有一個身材高大，胖得有點圓滾滾的，但是體格結實、儀表堂堂的中國人，身穿一件灰色綢大褂，穿過打開著的房門進來，用一口漂亮的英語向我打招呼。他的外表像個富裕的商人，自稱姓王，提到了我在北京的那個朋友的名字，並且還以其他方式證實了他就是我等的那個人。[2]

毛澤東曾說過，共產黨內中有兩怪，一是當過和尚的許世友，一即是當過牧師的董健吾──這位被譽為「紅色牧師」的人，在共產黨歷史中是最為特殊又神奇的人物。董健吾協助斯諾，為他打開了通往紅區的大門，使得中國共產黨的種種行為可以經由斯諾將之傳到全世界去。關於董健吾的情況，斯諾曾如此寫到對他的印象：

他是我完全意想不到的一個人。他曾經在上海一所教會學校裡受教育，在基督教圈子裡頗有地位，一度自己有個教堂，我後來知道，在共產黨中間，大家都叫他王牧師。像上海的許多發達得意的基督教徒一樣，他參加過操縱該市的青幫，從蔣介石（也是青幫中人）到青幫頭子杜月笙，他都認識。他一度在國民黨中擔任過高級官員。[3]

聖公會上海聖彼得堂，原址位於現北京西路上，原教堂建築物已拆除。（圖片來源：作者翻拍攝自《聖公會上海聖彼得堂特刊》）

紅星與十字架

董健吾，1891 年出生於上海青浦，自幼受到非常良好的教育，說得一口流利的英語，最主要的原因是因為從小在他的家裡就有一位英國女性傳教士，這個名為鮑女士的人，是董健吾的祖母照顧的外國人。董的祖母將鮑女士留在他們家住，一方面是支持傳教事業，同時也是希望鮑女士可以給老太太疼愛的孫子教授外語，因此董自幼就有一位「英語褓母」——這個條件使得董健吾之後不論就學或是人生的道路，都取得關鍵的作用，宋慶齡把斯諾交給董健吾，絕不僅僅是因為他的忠誠，董的外語能力和與外國人打交道的條件，肯定是宋慶齡所考慮的，斯諾對於董的印象，通過了以流利的英語交談，為他到陝北的採訪做了非常好的開始。

董健吾在中共黨史中所做過的事，可以堪稱為奇蹟。董健吾陪伴斯諾去陝北，這是宋慶齡第二次指派給他到蘇區的任務。第一次是宋子文找上董，說宋慶齡有事卻請他協助，宋子文是董健吾在聖約翰大學時的同學，董健吾的女兒董惠芳就在宋慶齡身邊協助孫夫人處理一些雜事，親切地呼喚她作「Lucy」，宋慶齡自稱「二阿姨」，可見他們之間多用英語交談，互動且很自然。4

宋慶齡第一次交付給董健吾的任務，竟是與國共合作的商洽有關。

1935 年 10 月，紅軍經過長征，到達了陝北。抗日在即，蔣介石也希望能與共產黨有所聯繫，宋慶齡一直都與共產黨有聯繫，當然也願促成此願，所以就請董健吾帶一封火漆印的密函，到陝北中共中央所在地瓦窯堡，把信當面交給毛澤東、周恩來。

　　董健吾接下了這個非比尋常的任務，知道此行必要冒極大的生命危險，但基於任務的重大，心想能促成此事，也是對國家民族以致於對信仰也有所交待，於是義不容辭準備上路，準備假道西安，直驅蘇區首都保安。

　　為了安全起見，宋子文給了董健吾一個身分為「西北經濟專員」，化名為「西周繼吾」，此委任狀是由時任行政院副院長兼財政部長孔祥熙發的。[5] 由於繞道西安，也就必先經與東北軍少帥張學良聯繫，再前往紅軍特區。董健吾此行拜會張學良，目的是向他借飛機送他到延安（時為膚施），因為當時延安也屬張的管區，距蘇區的瓦窯堡已不遠。董成功說服了少帥，少帥也爽快地答應了他的請求，借出其私人飛機，順利將董送到了膚施。[6]

　　董健吾再走了六天的路，跨過白區（民團）和紅區的最後一道屏障，終於來到了蘇區，見到甘寧地區的領導人博古、秦邦憲、林伯渠，成了自 1927 年以來國共雙方重啟聯繫的第一位信使。董健吾本名「選青」，在從事共產秘密活動時化名作「周繼吾」、「周繼谷」等。此項任務直到離開陝北後，中共中央發電給「周繼吾」，並請之轉告南京政府，表示同意聯合抗日並提出相關條件，以備國共雙方談判，最後將信交到了宋慶齡的手中，可謂圓滿達成。[7]

　　第一次西安和陝北之行，給董健吾留下了極為寶貴的經驗，促使其後撰寫一篇關於長征的長文〈紅軍二萬五千里西引記〉，更重要的是為他的第二次行程做了很好的準備，正是他打通了與蘇區的聯繫。[8] 董健吾這篇〈紅軍二萬五千里西引記〉，刊於簡又文主

編的刊物《逸經》第 33 和 34 期（1937 年 7 月月 5 日和 20 日），且附有多張照片，包括毛澤東的站立照，此文後又轉載於開明書店發行、由夏丏尊和葉聖陶主編的《月報》第一卷第七期上，結果該刊因登載此文而被國民黨勒令停刊，《逸經》因請邵力子的協調而逃過一劫。該文採筆名「幽谷」（諧音「憂國」），後證實即是董健吾本人，簡又文也證實此事，因為這篇稿正是他向董邀約的，資料來源自延安中共總部，特別是潘漢年給他提供資料編寫而成的，避不用「長征」兩字。

這裡還可以特別提到一位名為劉鼎的共產黨員（化名「周先生」，本名闞尊民），此人被毛澤東評價為：「西安事變，劉鼎同志是有功的」[9]。

原來，從西安回到上海的董健吾，剛見了宋慶齡的面不久，又被安排去旅館見一個人，請他安排到西安與張學良聯繫，因為劉鼎是共產黨的代表，如果張學良想與共產黨有所合作，把劉介紹到張那裡是最好的辦法。兩人見面時，才發現原來早已熟悉，彼此曾於上海中共特科見過，專從事情報收集和保護地下共產黨員的工作，直屬周恩來領導。[10] 此次晤談後，董說服了劉鼎代表共產黨前往西安，董也聯繫上了張，之後張特別派人來接劉，果然，劉到了西安與張互動得非常良好，自此也造就了東北軍與紅軍之間溝通無阻，這筆功勞也可以計在董健吾的帳上。[11]

有過上次的經驗，當董健吾再次見到張學良，即是為斯諾的事而來，同樣的是向少帥借飛機。不過，這次就沒有上次那麼幸運了，張學良回拒董的理由是因為換了一個外國機師，恐怕把

一位外國人丟到前線又不回來，很難保證機師能守著這個秘密，只好建議他們採別的方式到蘇區。沒有飛機，他們只好轉坐軍用卡車，董健吾為斯諾和馬海德此行做了萬全的準備，不容計劃失敗。出發前，他們有過深談，在漢武帝的御殿遺址未央宮，董充當了中共中央代表鄧發和斯諾間的翻譯，一切都安排妥當，隔天他們在西安的城郊道別，由劉鼎護送到西安，董回到旅店等待消息，直到聽說斯諾已平安抵達安寨百家坪，這樣才安心返回上海。[12]

　　短短兩天的接觸，斯諾對「王牧師」留下了美好的印象而難以忘懷，直言當年正是與「王牧師」一見和深談，是他人生中無法抹滅的一次記憶：

　　在這以後的那個星期裡，我發現即使僅僅為了王一個人，也值得我到西安府一行。我每天花四、五個小時聽他聊天，回憶往事，還聽他對政局作比較嚴肅的解釋。他是我完全意想不到的一個人。[13]

上海聖公會聖彼得堂講臺背後

　　受到祖母沈氏的影響，董健吾的姿態表現了繼承祖母具有的信仰秉性，是一位虔誠的信徒，這在他擔任牧師一職時受到信眾的愛戴和肯定也是可以證實的。從青蒲聖公會小學經聖約翰大學附中，一直到聖約翰大學，再讀兩年神學科，董在學期間全是接

受基督教的薰陶，然而，「五卅慘案」的發生及之後的效應，卻直接衝擊到董與卜舫濟（Francis Lister Hawks Pott）校長的關係，也改變了董的人生規劃和目標。[14]

聖約翰大學是一所聖公會辦的大學，校園內全英語授課，從這裡畢業的學生，外語能力都是非常了不得的，包括宋子文、施肇基、顧維鈞、顏惠慶、劉鴻生、林語堂、俞大維、貝聿銘等，這些在民國史上傑出的人物都出自於這所學校，基督教界著名的人士有余日章、黃吉亭、胡蘭亭、顧子仁、劉廷芳、王神蔭、韓文藻、丁光訓、趙復三、曹聖潔等。[15]

原來，聖約翰大學校長卜舫濟對於董健吾的才識頗為欣賞，認為他是一位難得的好人才，準備栽培他作大學的未來接班人，於是將他從西安中學校長一職中請回到上海，擔任校長助理，時為 1924 年秋。早在大學時，董就經常被校長請到家裡接受家宴款待，其英語字正腔圓不在話下，畢竟他從小可是在耳濡目染的環境下學習英語成長的。

卜舫濟看重他的理由，還是他身材高大、英挺、莊重，加上成熟的氣質和幹勁出色，完全看不出只是一個二十出頭的年輕小伙子；另一方面董也很敬重卜舫濟，最突出的一件事即是在大學畢業後，聽命卜校長的安排，讀了兩年的神學以培育參與基督教事業的條件，為他日後擔任牧師做好了準備。卜舫濟果然是好眼光，前後派董到揚州小學、西安中學當校長處理校務，表現得可圈可點，自然深得卜舫濟的肯定。

1925 年 5 月 30 日，上海英國租界巡捕開槍掃射學生、工

上海聖約翰大學原址，位於今天上
海中山公園附近蘇州河畔，現為華
東政法大學校址。
（圖片來源：作者拍攝於現場）

紅星
與
十字架

人，釀成「五卅慘案」，此事對董健吾的人生造成極大的衝擊，深深感到基督教信仰對他而言，已漸漸失去了說服力，因為發生了如此重大的事件，外國的基督教界代表和領袖竟未做出聲援或批評。[16]

前述卜舫濟有意栽培董健吾，但卜校長在此事的態度上不僅沒有作為，而且還不允許聖約翰大學學生表達不滿，反對罷教、罷課，也不准在校設悼念五卅慘案死難烈士場地。[17] 這一切董都看在眼裡，這已說明不只是中外人士民族國家背景身分的不同，更是政治立場上的殊異，於是他決定走自己的路，放棄未來接班人的希望，站到學生那一邊，激烈地降下在校園內的美國國旗表示不滿，毅然決然地走上了與卜舫濟的對立面去，從而再走上日後參與政治革命的道路上，這也是對於基督信仰的一種回應。[18]

董健吾曾表達過他對資本主義的批評。

他目睹上海工業發展問題的背後涉及到國際間的惡性競爭以及對農村發展造成的衝擊，他認為教會必須有立場，勿袖手旁觀，須對此現象如工人所受的惡劣對待、貧富懸殊做出批評，作為基督徒和牧師應「當保障平民主義，用和平方法勸導資本家捨資本主義而尚協作精神，則吾國基督教之前途幸甚矣」。

這些反省都是在發生「五卅慘案」後，可見，董對社會運動的同情，絕非出自於狹窄的民族主義情感，他對現代的經濟生產問題是有所關注的，從其分析可得知，與他日後對共產主義的同情，無疑是有關係的。[19]

離開聖約翰大學後，董健吾來到上海愛文義路（今為北京西

路）的聖公會聖彼得堂，擔任牧師近六年的時間。正值「非基運動」之勢，「亟宜振刷精神，掃除陳舊，建本色之耶教，奠會基於磐石。」董健吾也深覺教會有改革的必要，「雖導養羊群，日無暇晷。」仍主動翻譯其他的導師麥克納之講稿，以供基督教界反省在中國歷史上所遭遇的困難及應運之道。此小書是 1925 年 11 月 3 日麥克納在上海傳教士聯合會所做的演講內容，題目是「中國基督教四大危急時期」，董健吾將之譯成中文，再於 1926 年 2 月由中華全國基督教協進會刊行，同年 11 月再版。[20]

　　董健吾在基督教界還算得上有些地位。[21]

　　1927 年 1 月初，中華基督教協進會在上海召開「穆德會議」，這次會議受邀者多來自中西方教會領袖參加，討論重大的宣教課題，董健吾也應邀參加。會後，誠靜怡先生請董撰寫一篇會議報導，後刊於《中華基督教會年鑑》上。這篇報導的內容非常詳盡，從會議開幕致詞，到各組委員會報告，都述說得非常詳細，尤其注意到關於「本色教會」之討論，顯然是吸引著董，之後，他還另撰有一文，表達了對中國的本色教會的看法，從教堂的建築風格、崇拜禮儀、文字出版等，都談到本色化的努力，然而更重要的莫過於針對西教士在中國教會本色化上遇到的阻礙，董健吾指出了兩個根由，一是利用不平等條件保護的不良後果，二是佈道經費上的依附關係。[22] 這兩點多少反映了董是認真地思考到中國現實的問題以及其與外國差會複雜的關係，因此本色與一種脫殖的關係是顯而易見的。

　　我們可以從董健吾多次在《聖公會報》的聖誕專文中，窺見

他的基督教思想，基本上他都傾向於一種對政治解放的主張和對貧窮者的同情為立場，如：

> 從此我們就改掉些西洋的色彩和儀文，去掉些傳道的障礙。
>
> （一）凡傳教的人應速設法脫離不平等條約的保護。
>
> （二）我們中西的教士們，當改掉驕奢的惡習、貴族的威盛。
>
> （三）我們萬不可拂逆潮流，而立於反對愛國運動的地位。
>
> （四）革去我們困難中的灰心。……我們應當格外奮勇，去傳基督純粹的福音，做基督救人的事業，基督為了貧弱愚賤的小民，流了他的寶血，我們也當表同情於國內的平民運動，諸君讀了路加一章五十至五十四節：「他用膀臂施展大能，那狂傲的人，正心裡妄想，就被他趕散了，他叫有權柄的失位，叫卑賤的升高，叫飢餓的得飽美食，叫富足的空手回去。」到底作何感想呢？[23]

　　董健吾曾徵得聖彼得堂的同意，接替陳其田和夏秀蘭的職務，以部份時間擔任中華基督教協進會基督化經濟關係委員會幹事，推動對勞工和工業生活等問題的關注。

　　聖公會聖彼得堂可以說是一棟「紅色建築」，它在上海成了掩護共產黨地下工作的地點，著名的共產黨人包括周恩來、陳賡、瞿秋白、潘漢年、李立三、張克俠等人都到過此，透過了董的聯繫與掩護，傳遞了非常重要的訊息，不無誇張的，共產黨許多重

要的文件就藏於此，甚至以教堂為「中國反帝大同盟」和「中國救濟總會」的聯絡和通訊處。[24] 董在此堂還擔任了長達六年的區牧，龔澎曾參加該堂青年團契，其姐龔普生還曾是該堂青年團中的青年事業委員會委員。丁光訓年輕時就是該堂青年團宗教股股長，其母丁李勵自（亦稱丁初范夫人）在該堂長期負責婦女服務團工作。教會圈子裡的信眾們基本上都知道董牧師在做些什麼事，「紅色牧師」之名由此而來。

基督將軍身邊的共產黨人——「浦化人主教」

有一天，一位久未聯繫的同學來到聖彼得堂找董健吾，此人名為浦化人，兩人久別重逢、無所不談，浦化人說了他這幾年的經歷，主要是參與了「基督將軍」馮玉祥的部隊，擔任其軍中的牧師，從事佈道的工作，實踐他心中的「基督教救國論」，詢問董是否有興趣一起投入革命的工作？

董和浦化人在蘇州讀同一所中學「桃塢聖公會中學」，經聖約翰大學前後差兩年，之後兩人又在西安共事，此次距上回西安一別，已過了五個年頭，今次在聖彼得堂秉燭夜談，彼此都覺得非常的暢快，最後浦化人向董透露，他隨著西北軍去了一趟蘇聯，之後回來就參加了共產黨。今夜談話的結果是董健吾答應了浦化人的邀請，決定到馮玉祥的西北軍中去工作。[25] 馮玉祥在《我的生活》一書中，對浦化人作了如下介紹：

紅星
與
十字架

　　有一位朋友浦化人牧師，是我做陝西督軍時認識的，為人富於熱情，堅毅果敢，同我共處甚久。在張家口辦一學校，亦頗有成績。五原誓師時，我派鹿鐘麟到蘇俄考察，他亦隨鹿同去。他到莫斯科後，竟以一聖公會牧師而加入了共產黨，成為一個忠實活動的共產黨員。[26]

　　說到浦化人，同是一位聖公會的牧師，亦是一位紅色基督徒，又同樣具有傳奇色彩的一生，他的化名不勝枚舉，計有王養三、周念椿、張培岑、張鈍放、陳奇等，1920 年前就發表過共產化基督教的思想，如《半生之回顧》（1918）、《基督教救國論》（1919，此書為徵文比賽得獎之作）、《窮人萬幸論》（1921）三本小冊子，這些冊子除了述說他個人的成長經歷，也反映了他遭遇困頓中對貧窮生活感同身受。[27] 中學時信教，決此傳道，1911 年入聖約翰大學，1916 年到了西安，升為聖公會華北教區鄂方智的北平座堂會長。[28]

　　在聖約翰大學時期，浦化人與董健吾就交往甚密，他們在學校裡與鍾可託（曾任全國基督教協進會幹事）、吳日永等人一同成立了名為基督徒勉勵會的組織，倡導熱切祈禱的生活，並密切與校內同學談道，表現得極為虔誠之志。[29] 這個組織成員的關係一直保持著，1925 年 9 月董健吾被聘為聖彼得堂區牧，鍾可託則擔任該堂的義務副牧。

　　浦化人可謂憂國憂民，認為只有基督教能救國。他很早就表現出對窮人的關注，認為基督教是窮人的宗教；他從參與工賑的

（上圖）被喻為浦主教的浦化人牧師，於延安擔任
新華社社長，斯諾在延安訪談毛澤東時，由他負
責翻譯。（下圖）老年時期（取自網路）。
（圖片來源：作者翻拍攝自《青年月刊》）

工作中，令他更是有深刻的體會到基督教所言的教義。他認為，基督教沒有理由在工賑的行動上，被共產主義運動（形容為「赤化」）所比下去。他批評基督徒只懂得說些平安的話，而不實行實際的救援行動，說愛人卻未伸出援手助人，基督教講永生，即是在最小的弟兄中如飢餓者給他們吃，寒冷者給他們穿。所以「基督教會和青年會應該募集賑款，在最窮苦的地方設立工賑所，收容飢民，教他們將各地原料製造成日用物品，以一部份餘利分給工人和技師，以一部份餘利開設養老院、貧兒院之用。」

耶穌對那些無產階級是表示同情的，並引用《聖經》的話，說要去變賣所有的，去分給窮人，這樣的人才是耶穌的門徒。[30] 同樣的，浦在聖公會也曾極力參與青年及學生的事業，勉勵青年學生，同樣表現出一種強烈的社會關懷導向，憂國憂民，呼籲「要時常與上帝接近，從主那裡吸收用之不竭的能力來挽救中國、改造中國成為天國」。[31]

最特別的是浦化人提出所謂的「窮人萬幸說」。

浦化人認為窮人才是真正左右人類歷史的人，不論是肉體的意義或是精神的意義，窮人在道德或是個人修養方面都是高人一等，自古有「三不朽」（立言、立功、立德）之業。然而，這一切都取決於窮人的唯一救主是耶穌基督，「耶穌基督，大公至正，所與周旋者，貧富貴賤，智愚強弱、男女老幼、包括無遺。」窮人毋須氣餒或喪氣，上帝自己貧窮化自己成為子，所以上帝愛窮人、同情窮人，因而上帝能救國救民，祂即窮人的朋友，並站在窮人那裡。[32]

（左圖）「基督將軍」馮玉祥，他所帶領的西北軍中設有軍牧，多位「紅色牧師」
如浦化人、余清心、董健吾等都曾服務於其中。

（右圖）馮玉祥及其繼室李德全，後者當時是北京女青年會幹事，父親是位牧
師。李德全後來成了一位共產黨員，於中共建政後擔任第一位衛生部長。

（圖片來源：取自網路）

紅星
與
十字架

　　「革命救國不過治標，宗教救國乃屬治本。」浦化人即主張道德救國，也主張實業救國，這兩方面基督教都可以使出力，西方國家因為受到基督教的影響，因而他們在道德與實業方面都考慮到耶穌的教誨。道德救國不能流於空言，因為諸多的道德言論古已有之，道德要不落實於實業中是一種古代風俗而已，關於這一點，正是基督教不同於中國的儒道佛之處。基督教從根本上，主張徹底拋棄自私的心理，一方面勸人為善，一方面建醫院、學校和慈善事業，我們可以從英美德法等國無不以《聖經》為其治國準則為鑑，中國要以「約法民為主體，民德若厚，國勢自強」為救國之志，非要仿傚基督教之精神不可。[33]

　　浦化人最大的轉變在於他前後兩次於 1922 和 1925 年加入馮玉祥「一手拿《聖經》，一手拿槍」的隊伍，當了隨軍牧師，想藉此實踐他長期以來堅持的基督教救國論。馮從蘇聯考察回來，同意聯共容共，隨後浦化人也去了蘇聯參訪，在莫斯科遇見了一位老朋友張存實，張原是一位基督徒，但他告訴浦，他現在已變成了一位馬克思主義的信仰者，認為宗教救國無望，因此有此轉變。浦亦受到影響，於 1927 年在蒙古首都庫倫，由高景遠介紹加入中國共產黨，從此就離開了西北軍，轉而到上海從事地下工作。[34]

　　浦化人與一位行醫佈道的友人關係也很好，名為高金城，是一位基督徒，亦是牧師，與馮玉祥有過不少的互動，在西北軍中結識不少共產黨友人，曾在蘭州創辦福音堂醫院，在甘肅一帶行醫，也曾任北平協和醫院外科醫生，由於營救過紅軍，受到共產

黨人的肯定，同樣被中共視為對革命有功的烈士，他曾撰文〈略記高金城先生熱誠尋找真理〉紀念這位友人。

　　馮玉祥遊俄回來，覺得自己的思想取得了重大的進步，見到浦化人時，說他「思想陳舊，頭腦頑固。」之後就派浦去蘇俄學習，自覺思想也獲得開導，誰知回國後就加入共產黨，之後反指稱馮「思想陳舊，頭腦頑固。」而離開了馮。[35]

　　浦與馮的私交非常深，[36] 浦曾因其共產黨員身分陷於囹圄，一次是馮搞清共，下令說到通緝共產黨員，但令文卻刻將浦的姓寫成「蒲」，好讓浦化人可以躲過一劫。[37]

　　浦化人一直隱藏其真實的身分，一方面活躍於聖公會的工作，另一方面參加了中共的地下組織，甚至 1935 年 12 月曾在上海臨時中央宣傳部任職；[38] 1937 年還是被國民黨政府捉到，並押在南京，馮玉祥聞訊，立即去營救，不多時，浦即被釋放。[39]

　　浦化人獲釋後，曾公開表示後悔加入「非法的政治團體」，其被捕後幸得出獄，得力於不少友人的協助，當時基督教界中許多重要的人士為之奔走以搭救他，包括了聖公會五位主教鄂方智、郭斐蔚、聶高萊、吳德施、沈子高，聖約翰大學校長卜舫濟，以及朱友漁、湯忠謨、俞恩嗣等。

　　在這篇充滿著信仰見證口吻的文章中，可以讀出浦化人是非常驚恐的，以為他的人生就此結束，但他卻經歷了奇蹟般的事，尤其是他在南京警備司令部拘留所甲所第十一號囚室時，見到牆上刻有「主耶穌在此」五個大字，表示上帝給了他極大的鼓勵，其中他還特別就他的遭遇有過信仰的反思，認為經過此事後，他

自己的信仰上仍有不少需要求得進步的地方。[40] 不久，浦化人就直奔延安，擔任新華社通訊社負責英文翻譯。[41]

一位美國記者斯坦（Gunther Stein）於 1944 年得以訪問延安，之後寫了《紅色中國的挑戰》（*The Challenge of Red China, 1946*）一書，書中提及他見到延安的「首席翻譯」——浦「主教」。浦化人向他講述了那次到莫斯科轉向共產主義的理由：[42]

我看見許多共產黨的烈士遺像，並把他們的命運和被釘在十字架上的耶穌的命運聯結起來，發現基督教和革命彼此並不矛盾。

浦向斯坦提到共產黨領導知道他是基督徒，也不反對他仍然維持著基督徒的信仰，他在延安還領了一些人成為基督徒。浦化人說到他基督徒身分與共產黨員的愛國精神是可以協調一致的：

耶穌是他那個時代的革命領袖。他的目的在於改變社會，使人人自由快樂。但是他的門徒們卻試圖創造一種簡單的共產主義，但是，他們失敗了。現在，我們為了建立一個較好的社會和永遠的和平，不僅需要耶穌的思想，而且也需要馬克思和列寧的思想。許多基督徒在中國幫了共產黨許多忙，統一戰線必須包括共產黨人，也包括愛國的基督徒。[43]

關於基督徒與共產黨之間，他同樣認為：

　　基督徒當然是信有神的，共產黨是不信神的，雖然是矛盾，但也可以統一的。神學問題我們儘可不談，為人民服務總是可以站在一條線上的。你們看共產黨所實行的，那一樣不合聖經呢？基督徒在禮拜堂內做禮拜講道，是不會受干涉的。基督教應向蘇聯東正教看齊、學習、與政府打成一片。[44]

　　我們有理由相信，浦大概基本上認定基督教與共產黨的差別，僅僅是有神或無神而已，但這不是關鍵所在，同樣地，他也曾以「聖經與槍」的比喻，向董健吾說明他的信念：耶穌精神與革命行動，表現了共產黨革命並不違其基督徒的思想和信念。

「大同幼稚園」裡，毛澤東的三個孩子

　　上回與浦化人懇談後，董反覆思想自己的信仰與人生，於是在 1927 年 6 月，董健吾決定向聖彼得堂請假，直奔到馮玉祥的軍隊之中。這一段在西北軍的日子，董健吾主要擔任馮的秘書，兩人互動非常的頻繁和融洽，兩人因為基督教信仰的關係，經常是環繞著基督教如何救國這個主題在思考。由於馮在軍中積極的推廣基督教，董還要負責軍中的佈道工作，在其中也吸收了非常寶貴的經驗。[45]

　　馮玉祥身邊的共產黨人非常多，但基本上都是公開的，馮對他們都相當的友善。董健吾曾是馮玉祥學習英語和《聖經》的老師，[46] 當獲南京國民黨政府特別指明必須處理董，馮刻意在清共之

際放走了董健吾，甚至派人護送他離開，給了他一百大洋、備了一輛車、給了他通行證，周到地「禮送」他走，還教他如何躲過追緝，繞道經武漢回到上海。

從浦化人到董健吾，馮玉祥與共產黨員之間的曖昧關係，值得追究，一方面馮配合蔣要清共，但他卻善待身邊明知那些有共產黨員身分的人，如劉伯堅、浦化人、董健吾、余心清等，這些人都與他互動甚密，甚至其繼室李德全，據說也是一位共產黨員。簡又文認為，馮把三民主義與共產主義等而視之。由於馮極為推崇孫中山的思想，而且認為孫曾說過「民生主義就是共產主義」的話，並強調任何人質疑它，無疑的即是孫的反對者，因而在馮的想法中，這項主張從來就未懷疑過。其次，馮的妻子李德全在隨馮到蘇聯時已正式入黨，所以讓那些潛藏在馮部隊中的共產黨人可以相對自由的活動。曾是馮玉祥貼身的秘書簡又文對此做了一些分析：[47]

然而，也就是這一段西北軍的日子，董健吾在劉伯堅和浦化人的見證下加入了共產黨。1928 年 11 月，回到上海，董立即回到聖彼得堂，這裡一直是他最為安全且熟悉的地方。同時也到中央特科去報到，開始為共產黨工作。以聖彼得堂為基地，董積極的做共產黨交付給他的工作，掩護工作做得非常地好。這期間有兩件事非常值得說，一是在霞飛路嵩山路口開設一家松柏齋古玩店，一是於 1930 年 3 月在戈登路 441 號兩幢石庫門房子成立大同幼稚園。「松柏齋古玩店」成了中共地下黨交換情報之所，比較特

（左圖）大同幼稚園舊照。（圖片來源：作者取自網路）
（下圖）大同幼稚園遺址。（圖片來源：作者拍攝於現場）

殊的是「大同幼稚園」，因為這間幼稚園收養了毛澤東的三個孩子：毛岸英、毛岸青、毛岸龍。[48]

　　儘管家境富裕，自幼應該有機會接觸到書畫等藝術品，不過，要經營好松柏齋古玩店不是那麼容易的事，董健吾必須對這一行多所了解，於是他勤於學習各種古玩的常識，從古錢幣到古代陶瓷、書畫，都能做鑑別。董畢竟是出身於富貴之家，加上對文史知識的專精，很快的，他在這行裡稍能立足，宋子文曾登門光顧，請董為他鑑定珍品，據說他與張學良見面的另一話題就是談古玩，張果然對他另眼相看，不得不敬佩這位「高級特務」。[49]

　　太平天國史專家及收藏家簡又文曾說，因為之前他們在馮玉祥的部隊中早已熟悉，他在上海時期經常光顧此店，相關的太平文物如銅幣、公據等即是在此購得的。[50]

　　1930 年，中共上海組織決定由董負責籌集經費，開辦大同幼稚園，其任務是要收養革命者的後代。董以牧師身分兼任院長，園內工作人員大部分是共產黨員及其家屬，其中有李立三的夫人李崇善，李求實夫人陳鳳仙等，收養的孩子中有彭湃之子彭小丕，惲代英之子惲希仲，蔡和森的女兒蔡轉，李立三的女兒李力等。

　　「大同幼稚園」匾額是國民黨大老于右任題的字，這多少可以瞞過不少人。說到這間幼稚園，可是董健吾用了自己家族的田產換得的。董即是憑著理想和堅持，把撫養革命者的子女當作也是一種參與革命的工作，革命者在前線，自己在背後盡最大的努

（左圖）大同幼稚園兒童一起在附近的法
國公園內遊嬉並合照。（圖片來源：作者
取自網路）
（右圖）法國公園中的馬克思和恩格斯的
大型雕像。（圖片來源：作者拍攝於現場）

力，以對那些犧牲生命和家庭的革命前輩表示敬意。董確實是用他的家財和生命來保護這些可能遭受到危險的幼苗，可謂感人肺腑。

1931 年春節前後，毛澤民將毛澤東的三個兒子：八歲的毛岸英、六歲的毛岸青、四歲的毛岸龍送到幼稚園。大同幼稚園曾搬遷到環龍路 324 號，環境確實比之前的要好。

其間發生了一件事，四歲多的毛岸龍突然發高燒，情況相當嚴重，在送往醫院後不久就病逝。過沒多久，因為中共上海地下組織遭受嚴重的破壞，隔年黨組織決定大同幼稚園停辦，毛岸英、毛岸青仍由董負責撫養（當時毛岸龍已病故），並將他們掩護在前妻黃慧光的家裡，因顧及安全，還因此搬了好幾次住所。

後因黨組織補貼經費中斷，董健吾一家可謂鞠躬盡瘁，以做紙花、幫人洗衣被等微薄的工資維持生計。[51] 毛岸英兩兄弟在董家住了整整四年半，至 1936 年中旬，由董勸說了張學良的資助，將毛岸英、毛岸青送到蘇聯學習，陪同他們前去的是董的次子董壽琪。[52]

外界曾謠傳董健吾虐待毛澤東的孩子，說有人經常看見兩兄弟在街頭流浪，很是可憐，據說毛澤東在長征路上經常提及此事，招來了不少人的同情；甚至有說毛岸龍的死與他有關。此謠傳給董帶來了極大的困擾，以致於後來還不幸引來政治指控。

斯諾想見「王牧師」一面

簡又文曾盛讚董健吾的國學底蘊深，在他回顧編輯《逸經》的重要文章時，提及到一場關於李白的爭論，令他印象深刻。

簡說到，董在第十七期中撰有一篇〈李太白──中國人乎突厥人乎〉文章，文中旁徵博引、證據鑿鑿，結論是：「李白是中國化的突厥人。」他主要是根據李白的〈上雲樂〉中，詠及景教的經典和彌撒聖典，又在第卅一期以〈李太白──唐朝的大政治家〉一文表現出他對李白研究之深邃，令簡又文抱以欣賞的眼光，肯定他對景教研究和中國文學研究的學術工夫。[53] 原來，關於爭論李白與景教的關係，董健吾是關鍵的論者之一。

然而，董健吾顯然對他自己的牧師身分比學者身分更在乎，因為這個身分可以讓他更方便去執行共產黨中央指派的任務。事因上海教區準備革除他的牧師身分，時為 1931 年底，理由是說董在男女關係上出了問題，事實當然是因為他從事的政治活動引起一些教內人士的異議。

根據第一期《聖彼得堂月刊》（當時刊名為《呼聲》）說：

> 本堂牧師董健吾會長因事於七月內提出辭職，歷經區董會徹底討論，多方挽留均屬無效，始於九月份聘請俞恩嗣會長為義務牧師。[54]

此處所說的「因事」是指江蘇教區取消了他的牧師職務，原

因有二：一是「經商發財，疏於教堂事務」，另一條是「家有妻室，另搞戀愛」[55]。前一條罪狀與地下黨有直接關係，因為 1929 年底，中央特科讓他開辦松柏古玩店作為聯絡機關。後一條罪狀也確有其事。[56]

　　恰好馮玉祥來到了上海會見老朋友，包括浦化人和董健吾，此時的董健吾因有「被革職的可能性」而耿耿於懷，為了此事內心悶悶不樂。不知是否因為彼此共同具有的基督徒情誼？馮玉祥對於西北軍中「赤化三牧師」（浦化人、董健吾、余心清）的感情特別深，處處流露出對他們的關心，兩次營救浦化人、送走董健吾，以及寫信給在牢獄之災中的余心清，當然，馮對同是基督徒的革命同志徐謙和秘書簡又文同樣極為熱情。上海淞滬抗戰結束之後，已經就任軍事委員會副委員長的馮玉祥將軍回到了上海，作為一位老長官的他，對此事也略知一二，於是準備為董化解困局。[57]

　　1932 年 1 月 12 日，在上海基督教界代表羅運炎一次隆重的歡迎宴會上，馮玉祥有意把董健吾拉在自己的身旁就座，他趁著酒興面向大家並指著董健吾，說了一段話，大意如下：「他是我當年的專職牧師，給我宣講了多年的教義。這次來上海，聽說為了一點雞毛蒜皮的小事，革除了他的牧師身分。我知道上帝是最寬容的，而我們這些上帝的奴僕也應該學著寬容兄弟姐妹們犯的錯誤。他已經為自己的過錯向上帝懺悔─並得到了上帝的寬容。我們這些上帝的奴僕們該不該寬容他啊？」眾口一聲地答道：「該。」[58]

董健吾葬於緊鄰上海華東神學院的青埔基督教墓園中，墓碑上清楚地刻著「紅色牧師」四個字。（圖片來源：作者拍攝於現場）

　　事實上，馮玉祥並未成功給董健吾解套，從此也結束了他與聖彼得堂的關係，雖然表面上仍有牧師的身分，但他更多的是以古玩商店老闆和牧師的雙重身分，為黨從事特殊的情報活動，直到 1936 年 9 月，董健吾才真正結束其牧師的頭銜，轉而當一位推拿師，之後抗戰全面爆發，潘漢年去了香港，漸漸與地下黨的工作失去了聯繫，過著相對平靜的生活。直到斯諾 1970 年一問：「想見一見『王牧師』，這位紅色牧師。」才重新被人留意。遺憾的是，終究他們倆還是沒有機會再見一面。[59]

　　中文全譯本《西行漫記》譯者董樂山說到：「《西行漫記》新譯本竟會引起這樣的指責和反響，確是我始料所未及的。尤其是後來又有幾件事情，更加說明了我們長期不出斯諾的著作所造成的愚昧的後果。要是他的書早就譯成中文公開出版，有些同志的無妄之災，本來是可以避免的。這裡我想舉書中『王牧師』一人後來的遭遇就行了。」[60]「王牧師」的命運與《西行漫記》的國共兩黨時期的出版命運是一樣的，甚至，基督教在共產黨取得權力之前和之後的命運也是難以說清楚的。

第 3 章

紅軍長征中唯一具醫科
專業的基督徒醫生
——傅連暲救了毛澤東

一位基督徒成為共產黨員，很有教育意義。

——毛澤東

延安的故事

1932 年，美國記者斯坦到遠東後，一直奔波於東京、瀋陽、莫斯科與上海之間，並多次想進入共產黨控制地區進行採訪活動，均因無法跨越國民黨的封鎖線而未能如願。

1939 年，斯坦在重慶時，又想嘗試以戰地記者的方式，要求去共產黨抗日根據地採訪，同樣未果。1944 年，當時在重慶國民黨政府迫於國內外種種輿論壓力下，最終同意派出一個經過挑選的、有中國記者參加的、所謂「中外記者西北考察團」，斯坦才以外國記者身分進入共產黨的抗日根據地。

斯坦在延安期間見到了毛澤東和朱德，以及彭德懷、王震、葉劍英、陳毅、聶榮臻等高級將領，毛澤東和朱德還同他有過多次徹夜長談。他走訪並親眼目睹了延安以及共產黨控制的地區，《紅色中國的挑戰》一書就是斯坦以共產黨之管轄地區之行的親身經歷實錄。

史沫特萊曾經在她的名著《偉大的道路》（*The Great Road: The Life And Times Of Chu The*, 1956）中讚許說，斯坦的《紅色中國的挑戰》、福爾曼（H.Foreman）的《來自紅色中國的報導》（*A Report from Red China*）和愛潑斯坦的《中國未完成的革命》（*The*

Unfinished Revolution in China）是第一批訪問中國革命聖地延安的三位老資格外國名記者所寫的著作，他們對共產黨在抗日時期的情況做了客觀而詳實的報導，是非常有價值的三大著作。[1]

《紅色中國的挑戰》作者斯坦到延安採訪時，特別關注基督教在「新民主主義」下發展的情形，想知道官方對宗教的態度。他了解到延安大學學生有信基督教的基督徒共產黨員也不少，特別訪談了兩位基督徒共產黨員，一位是人稱「浦主教」的浦化人牧師，另一位是紅軍衛生部部長、醫院的院長傅連暲（1894-1968）。

傅連暲對斯坦特別談到他之前在教會醫院時，那些基督徒同事們的工作，尤其提到一位令他敬佩的傳教士，說是從倫敦來的一位英國女傳教士雷尼（Rainey）小姐，她協助護理紅軍游擊隊隊員的熱忱，給他留下深刻印象。傅連暲說到：

雖然我在幾年後加入共產黨，我的政治信仰確實發生了些許多改變，但我仍舊深信基督教和共產主義有很多共同之處。耶穌幫助貧窮人，耶穌也反對法西斯。[2]

傅連暲是所有基督徒共產黨人中最為人熟知的「紅色醫生」，可用「家喻戶曉」來形容他的名氣，他是第一位加入紅軍的醫生，經常成為「從基督徒到共產黨員」最具樣版的人物之一，關於他的「紀念出版物」有很多，但深入研究他的卻不多。[3] 共產黨領導和長征隊伍中，還沒有哪一位受到的讚揚像他如此多：

海倫（左三）在延安，與紅軍將領合影。
（圖片來源：作者翻拍攝自 Inside the Red China）

「第一模範」——《紅色中華》

「模範婦孺工作者」——朱德

「治病救人，長命百歲」——鄧穎超、陳毅、彭德懷、周恩來、楊尚昆等人

「壽人壽國功在黨，傅公名應列首榜」——謝覺哉

「醫國著先鞭，從軍四十年」——郭沫若

汀州福音醫院

　　傅連暲原名傅日新，長汀客家人，父母親都是基督徒，他出身不久，就與教會有了緊密的聯繫。經基督教崇正小學和基督教中西中學，其夫人亦是一位虔誠的基督徒，名為劉賜福（又名劉瓊），於一所教會小學教書；在走上長征之前，他們全家都與教會有著密切的關係。劉賜福也是一位基督徒，與教會互動非常的緊密，從在英華小學學習到任教，之後留在長汀，曾到廈門、漳州，也都是和教會學校有關，1952 年還曾擔任福音醫院院長一職。當然，最為關鍵的即是傅連暲已被教會相中（一場足球賽），並準備栽培其為一名醫療人員，畢業於亞盛頓醫館五年制醫科，最終步上了成為醫生的道路。

　　傅連暲從汀州紅十字會主任醫生開始做起，一直到受聘作汀州福音醫院常年駐院醫師，並於 1925 年被推舉為福音醫院的院長。加入長征後，則成了紅軍隊伍人舉足輕重的內外科兼備的醫生。

左圖上：長征時期的傅連璋。
左圖下：在延安的傅連璋。
右圖：中共建政後的傅連璋。
（圖片來源：作者翻拍攝自《從基督徒到
紅色「御醫」》乙書）

要談論傅連暲，就先要從他所任職的汀州福音醫院說起。[4]

汀州屬於福建省，基督教在此的傳播非常早。[5] 福建汀州福音醫院又叫「倫敦公會汀州亞盛頓福音醫館」，是 1903 年由英國人自廈門來這裡開始辦的，舊址為長汀縣東門街東後巷 56 號。

最初由英國的爵士亞盛頓（Robert Arthington, 1823-1900）個人捐助二十五萬英鎊給汀州基督教倫敦會作基金，創辦醫院和教育事業，故取名作「亞盛頓醫館」（Arthington Hospital）。1908 年，福音醫院正式成立，開始診治病人，可以說是當時閩西方圓兩百里內——不論規模和醫療水準，都是最先進的第一大醫院。主要負責人是英國醫學博士賴察理（Charlee E. Blair）醫生，[6] 擔任為院長並主持醫院業務，另一位則是英藉加拿大醫生李灼基，後者是一位卓越的外科醫師。[7]

汀州亞盛頓福音醫院不僅是接受醫療服務，還培養醫護人員，那時還沒有護士名稱，招收學生學習西醫，助理醫務，學習五年經考試合格後才能畢業，之後發給證書，並派他們回各縣行醫。[8] 醫館第一期學生有鍾品松、黃朝鴻等人；[9] 第二期學生有傅連暲、周夢先等人；第三期學生有胡屏三、羅先盛、莊宗藤等人；第四期學生有李家度、官世英等人；第五期學生有謝時豐、江大濂、陳廣生、李登雲等人。

第一任院長賴察理博士離任後，由李灼基接任院長主持全院業務及內外各科診治、手術，醫館內大約有六名外藉醫生。鍾品松醫師為助理，指導各學生臨床實習。李灼基博士離任後，再轉由英國牧師修忠誠當院長，增加傅連暲醫師為助理。[10]

汀州亞盛頓醫館。
（圖片來源：作者翻拍攝自葉克豪《基督教
閩南大會資料集》）

福音醫院在那個時候有內科、外科、五官科、婦產科、骨科、皮膚科等。各種病人均由外國醫生主治。設男女病房，有解剖手術室及必備的手術器械和消毒設備，甚至還有化驗室，備有顯微鏡及化驗小便等器材，藥品方面的儲備也相當完善。

福音醫院是汀州第一所西醫醫院。[11] 在那個時候，中醫、中藥對於傳染病治療較有困難，而西醫、西藥對於梅毒病、瘧疾病、絲蟲病、瘡傷、骨科等病症治療效果較好，因此深受群眾歡迎。汀州所屬八縣和鄰省江西各縣來長汀治療的病人很多。當時醫生以慈善服務為旨，對病人不收取藥費和住院費，而只收取掛號費，受到民眾的歡迎和肯定。[12]

當時英國醫生對各種手術治療很有經驗，如截肢、刮骨挖肉、取槍傷子彈、切除闌尾、摘除白內障等手術都是較成功的，傅連暲把這些醫術都學下來了。1927 年在長汀的英國人離開後，福音醫院就轉交傅連暲擔任院長，當時亞盛頓醫館的學生有葉志全、黃深信、陳炳輝、謝仰祥等人，這些學生之後大都指派協助去購取藥品。

中國共產黨與閩西客家基督教的關係最早緣自 20 年代的「非基督教運動」時期。「非基運動」是在當時俄共（布）與共產國際遠東局、青年國際的直接指導下，由中國共產黨發起並領導，也包括國民黨左派組織成員參與的針對基督教的政治鬥爭。[13]

1922 年，上杭縣立中學師生集體抗議外國傳教士無視中國居民的權益，愛國青年紛紛響應，學校罷課，商店罷市。最後，教會將多占的民宅退出。1925 年五卅慘案的消息傳到長汀，再次激

紅軍控制下的蘇區。
（圖片來源：作者翻拍攝自 *Inside the Red China*）

起人們反對帝國主義的情緒。閩西教會學校的師生組織遊行，到傳教士辦的醫院門口呼喊「打倒列強」口號。

1925 年，一批在外地入黨的閩西客家共產黨員受組織派遣，回到閩西地區開展革命活動，發展黨組織。1926 年，永定、上杭等地先後成立黨組織。1929 年，毛澤東、朱德率領紅四軍，先後三次進入閩西，殲滅郭鳳鳴、陳國輝部主力。同年，召開中國產黨閩西第一次代表大會。

1930 年，閩西革命區成立蘇維埃政權。共產黨對閩西基督教採取了批判和打擊的態度，共產黨領導下的刊物把反基督教等同於反帝國主義：如鄧子恢在龍岩創辦的《岩聲報》第 23 期、39 期就分別刊文，指責基督教是帝國主義侵略弱小民族的先鋒隊，教會學校和醫院借傳播宗教之名，收買人心，實現帝國主義管制中國的目的。[14]

從中國共產黨策動武裝暴力革命後，共黨分子到處擴張其勢力範圍，多次進攻閩西，對教堂醫院和學校造成極大的破壞，1934 年 3 月 14 日，中共閩贛蘇區第二次代表大會還選在汀州的基督教堂中召開（現為「福建省龍岩市長汀縣城關中華基督教堂」）。汀州曾是福建省蘇維埃政府的所在地，可見中共的革命在福建地區曾施行過極為嚴厲和控制，與基督教相關的組織和機構受到的衝突可謂是前所未有的，外國傳教士基本上都完全撤出此地區。

除了反教宣傳外，1927 年 4 月，上杭黨委召開群眾大會，通過了沒收教會學校的決議。紅四軍進入閩西以後，將傳教士扣留

「紅色建築」汀州福音醫院。
（圖片來源：作者翻拍攝自《從基督徒到紅色「御醫」》）

紅星
與
十字架

審查，為籌措革命資金，紅軍還要求傳教士捐款，一些教會人員被當作「帝國主義走狗」被關押。中國共產黨也注意合理運用教會的資產與人才。同時，紅軍還將指揮部設在基督教堂，長汀基督教堂就曾作為閩西紅軍的指揮部。對共產黨人在閩西地區的活動，西方傳教士採取敵對仇視的態度。[15]

基督教在閩西創辦有當地設施最齊全的醫院，如倫敦會的愛華醫院、長汀福音醫院，長老教會的上杭福音醫院、上杭婦幼醫院。1927 年，傅連暲不是不知道共產黨對基督教的態度，共產黨在閩西的活動並沒有阻擋他救人治病的精神，也許他也知道危險以及之後可能遭遇的威脅，但仍秉持醫生的天職，不論是什麼人或黨派，都義無反顧地施診救治。

1927 年秋，「八一」南昌起義的革命軍隊來汀，傷病員都在福音醫院診治。基本上，1929 年至 1934 年，長汀是紅軍革命根據地，即所謂的「中央蘇維埃地區」，當時紅軍的首領、軍官、戰士很多都是到福音醫院診治內、外、傷病各科，在福音醫院的醫生、護士的精心治療後，很快得到好轉。但當時西醫藥品來源外地，補充藥品確實困難。傅連暲醫師費盡心思、想盡辦法，利用其基督徒的身分和福音醫院的教會背景和關係，請人或委託人繞道出外購置藥品運入長汀，這一切都進行得非常順利，使傷患病人可以快速好轉，度過難關。

為更有效在醫療和衛生方面協助紅軍，1931 年，傅連暲果斷地成立「中國工農紅軍中央蘇維埃看護學校」，招收從福建、江西蘇區來的男女約六十名，設有診斷學、藥物學、科外科、急救學

等；隔年更開辦了「中央蘇維埃紅軍醫務學校」，汀州成了紅色醫院的基本，培養了所需的醫護人員。

再進一步，為突破國民黨對蘇區的經濟封鎖和監控，傅連暲乾脆把整個福音醫院的設備和藥品都搬到江西瑞金葉坪楊岡村，瑞金成了中央蘇維埃政府所在地，汀州則成立了福建省蘇維埃政府，最感人的，莫過於傅連暲毅然決然地捐出自己所有的財產，真正實踐共產主義精神，創立「中央紅軍醫院」，時為 1933 年。

這一連串的改變，都是傅連暲因應紅軍游擊戰革命所需而做出的改變，一直到 1936 年 12 月到達延安，隔年 1 月就立刻組成「中央蘇維埃醫院」，傅連暲全權負責蘇區的醫療與衛生，亦包括陝甘寧邊地區。

紅軍長征北上抗日，中央紅色醫院全部財產由傅連暲醫生帶領學生一併隨軍北上。福音醫院復辦，要到 1948 年由長汀基督教牧師張倫向有關方面領到了一批救濟藥品，再由傅連暲的夫人劉賜福擔任院長才得以成功。1952 年福音醫院正式併入長汀縣衛生院，更名作「汀州醫院」，完全脫離與教會的關係，因而也就結束了福音醫院的歷史。

可見，在步上長征之前和之後，紅軍的一切醫病和治傷都與福音醫院有關。傅連暲的一生與福建汀洲福音醫院的關係是緊密連結的。1927 年以後，再加入了紅軍的故事；「基督徒醫生／教會醫院／紅軍革命」三者微妙地交融在一起。陳賡腿傷被治好，免去了截肢的命運；有人染天花，為紅四軍約三千多人種牛痘疫苗；羅瑞卿頭部中彈，成功的止血；伍修權中左腮中彈，手術取

出；救治過徐特立、郭沫若等人。[16] 這都是傅連暲卓越醫術表現的成果，但這一切都沒有比他治好毛澤東的痢疾，更受到人們肯定和讚揚。

1934 年 9 月，毛澤東患上惡性痢疾，幾乎快死，傅連暲妙手回春，把他給治好。[17] 當時毛澤東在雩都，一連發了三天的高燒，傅連暲接到消息，從梅坑出發，一連趕路一天一夜，走了一百八十里路，見到毛臥病在床，滿臉通紅，消瘦得厲害，傅給他量了體溫，攝氏四十一度。傅連暲再給毛澤東做詳細的檢查，判斷他的情況有三種可能：肺炎，腸傷寒，惡性痢疾，最後實證是第三種。由於情況超過了一般，於是傅連暲給毛澤東注射奎寧和咖啡因，再加吃幾片奎寧片。其實，由於沒有化驗儀器，只能憑經驗判斷，傅連暲整夜沒睡，心裡焦急地等待著天亮再看看毛澤東的情況如何。

第二天清晨，傅去看了毛，覺得情況有些改善，體溫也稍降，確定熱已退，傅因此也放心了。傅繼續給毛注射並吃了三片奎寧，第三天的情況有更顯著的好轉，再做和前兩天一樣的治療。第四天再量體溫，毛已回覆到三十七度，這表示已恢復正常。對此，傅連暲終於也放下心中的一塊大石頭了，這十天在雩都，就這樣守在毛的身邊。[18]

自 1927 年 8 至 9 月接受南昌起義受傷的三百多位軍員開始，傅連暲救過無數的共產黨士兵，為紅軍接種牛痘，高層的幹部領袖包括徐特立、陳賡等，還為賀子珍接生，[19] 使他贏得了好名聲，為人人所敬重。最感人的，莫過於他為鄧穎超治肺結核，還特別

將她接到家裡就近照料，鄧還認了傅母為義母。

「基督徒共產黨人」

　　為了挽救革命，根據共產國際的指示，中國共產黨於 1927 年 7 月 12 日在漢口進行改組，成立了臨時中央常務委員會。7 月 13 日，中共中央發表了《中國共產黨中央委員會對政局宣言》，譴責武漢國民黨中央和國民政府的反動行徑，決定撤回參加武漢國民政府的共產黨員。隨後，臨時中央常務委員會從漢口轉移到武昌，在初步總結了大革命失敗的教訓之後，立刻決定民眾武裝暴動的新政策，規定湘鄂粵贛的四省秋收暴動的計畫，並派遣李立三、鄧中夏、譚平山、惲代英等人赴江西九江，準備集合武力，依張發奎回粵徐圖發展。[20]

　　南昌起義被喻作是共產黨武裝反抗國民黨的「第一槍」，從此，中國共產黨的革命戰爭的歷史便打開了新的一頁。從 1927 年 7 月 13 日，中共中央發表了《中國共產黨中央委員會對政局宣言》開始，8 月 1 日凌晨 2 時，由朱德、周恩來等指揮的中共部隊正式向駐守南昌的國民革命軍發動進攻，於是公布了《八一起義宣言》、《八一起義宣傳大綱》，可是國民政府軍很快就調集軍隊包圍了南昌，走上布爾什維克道路。8 月 3 日，中共部隊撤離南昌，游擊戰似的，背負著傷兵南下廣東途中到達長汀時，適時遇到了汀州醫院，也就開始了傅連暲和共軍接觸的開始。[21] 南昌起義有一段插曲，賀龍曾隱匿在南昌中華聖公會兩星期的時間，以避開國

民黨軍隊的搜索，見證人是一位聖公會的牧師，名為劉平庚。

南昌起義是共產黨武裝革命的首義，傅連暲參與共產黨的革命事業，被動地從此開始。從東南開始，一直延伸至西北，共產黨一邊以游擊戰的方式應付國民黨，同時也展開了與日本帝國主義侵略的對抗，傅連暲幾乎成了全體共產黨人生命的守護者，從南昌開始經長征到延安。然而，這一切似乎與一件事情有些矛盾之處，因為傅連暲遲遲未加入共產黨，外界對這件事並未有過深入的探討，可謂充滿了謎團。

到底傅連暲是「從基督徒到共產黨員」或是「基督徒共產黨員」？傅從汀洲一直隨共產黨長征到達延安，他從與共產黨的接觸到正式入黨，中間超過了十年，事實上，當時傅已擔任中央蘇維埃醫院院長，1938 年初還當上了中央總衛生處處長，幾乎所有蘇區、紅軍大小醫務和衛生的事務都由他來主管。1938 年 9 月才正式加入共產黨，傅還為此感動不已，箇中的故事，恐難為外人所道。

白求恩還曾一方面驚訝傅連暲為何還不是共產黨員，一方面又嘲弄他若以基督徒身分入黨則相當有趣。試想，於共軍中負責如此重大任務的醫生，其身分又如此特殊，究竟傅何以遲遲未加入共產黨？這個謎團是值得深究的。

事實上，傅連暲一再地表示其對共產黨的忠誠，估計他也擔心共產黨人不信任他，從捐出所有來建醫院，並隨長征隊伍前進延安，傅並未表示出入黨與否的在乎，這恐怕與他的基督徒身分有些微妙的關係。事實上，傅一直都保持著他的基督徒身分，他

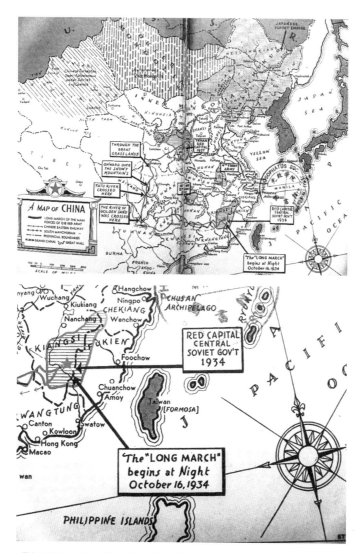

長征地圖。（圖片來源：作者翻拍攝自 *Red Star over China*）

並沒有要放棄的想法，因為他基本認為兩種身分在他身上是不成問題的，共產主義的理論肯定是往好的或理想的方面，同樣的，作為一位基督徒醫生，他也認為醫者仁術，救人治病也是一件該做的事，原則上是不分黨派與否，甚至是好人或壞人、有錢或沒錢。

我們應該留意外國記者與傅的互動或交談的內容，他們更關注他身上的基督徒身分，相反的，中國共產黨員不會特別強調這個話題，甚至還刻意淡化它，以至於爾後人們撰寫傅連暲的種種時，都要刻意標榜「從基督徒到共產黨員」，以說明共產黨最後戰勝了基督教。這完全符合中國共產黨人的一貫立場和態度，宣稱無神論的共產主義要接受一位基督徒身分的醫生，即便傅在行動上如何的表示他的忠誠和無庸置疑，終究還不是一件理所當然的事。總之，共產黨人也是尊敬並信任傅醫生的，唯一無法跨過的問題仍在其基督徒身分，但傅連暲並不認為是問題。

1937 年 5 月，傅連暲接受法國記者的訪問，這位記者對傅是一位基督徒且隨長征隊伍前進感到驚訝。這篇刊登在法國《救國時報》的訪談稿，[22] 其標題為〈一個信基督教的醫生傅連暲氏在中國紅軍內十年的經驗〉，這位記者很清楚，無神論的共產黨，是不可能接受一位仍帶有基督徒身分之人士的，尤其他又是一名醫生，位居要職，共產黨的領導又如此的信任他，與他互動密切，都加添了諸多的疑竇。[23] 令人玩味的是，這篇文章曾於 1949 年 6 月 21 日在《人民日報》重刊發表，是陸定一下的指示，編者（黃樹則，後任衛生部副部長）刻意補上了一段「編者按」，特別澄

明傅連暲的思想，並反擊反對派對傅的負面宣傳。由於未能見到法文版的原作，不確實內文是否忠於原作，但大體上可以感受到《人民日報》重刊舊作是有其政治目的，目的是進行反宣傳。這份訪問稿之後曾出版成一本小冊子，據說獲得的回響非常的大。

傅連暲曾公開說到：

> 我是一個基督徒，這是每個紅軍戰士過去所知道的，他們現在也知道。但我從來未曾因為信仰基督教而被紅軍或共產黨所逼害或歧視。說紅軍因為信仰基督教而被紅軍或共產黨所逼害或歧視，說紅軍因為信仰不同而迫害基督徒是不正確的，那只是反動派之造謠。如果很久以前，有些基督徒與紅軍發生過不良的關係，那並不是因為他們的信仰，而是因為他們反對革命的活動。我是一個基督徒，而我經常地受到紅軍共產黨和蘇維埃政府的保護和尊敬。[24]

傅連暲與斯諾夫人海倫的對話中，一再談及他的基督徒身分以及他如何堅定並實踐其基督教信仰的精神，他甚至提到「新的革命的基督教」，這是一種人道主義精神的基督教。[25] 在這個印象同樣也出現在法國記者的評述中：「他對基督教義上之人類的弟兄愛，是嚴格地身體力行的，同時醫務上之人道觀點，他正是實踐了。」[26]

在採訪當中，傅連暲向海倫表示，在他認為，基督教與共產主義是沒有分別的。他認為，中國的共產主義正接辦著真正基

督教的善良工作，這恰恰是在中國的那些組織性教會所不曾實現的，由於他極為真誠、急切地希望基督教徒能夠真正看見基督教的光明，他為著許多的外國傳教士未能看到這一點感到痛苦。站到被壓迫者那裡，是所有人道主義者基本的立場，傅連暲也是這樣看待基督教在中國的命運，所以他認為基督教要是可以在人道主義精神上反對壓迫者，也就沒有理由不吸引中國人，尤其是亦具有人道精神的共產主義，更應該是不成問題。

傅連暲向海倫說到：

我是一個強烈護衛真正基督教精神和基督教倫理性質的人。我不得不告訴妳，我是如何熱切地願望：在中國信奉各種不同教義的中外有良心的教徒來推動整個基督教運動，以援助那些對抗反動者的進步運動，並使得一個民主的聯合陣線真正實現。這對於將來中國基督教本身大有關係，並且對於我國也將會給予巨大的幫助，當它正為了解放、努力奮鬥，內攘舊日的封建，外抗帝國主義的壓迫的時候。現在，在聯合陣線之下，我們一同工作，也將極其容易。[27]

傅連暲抱怨地說，自義和團後基督教在中國仍然沒有學到教訓。他認為基督教應從事於解決中國社會的問題，而非僅僅考慮到政治立場或色彩，所以他對基督教的批判是認為，用一個政治標準來區別傷者，不僅對於醫生表示全然喪失職業的光榮，對作為基督徒也失去了應有的慈善精神。[28]

相反的，基於人道主義的精神，基督教可以發揮其自身的特色，以此改變中國人對基督教的偏見。他認為目前他努力地工作，即是要證明基督教信仰是與革命運動的精神是一致的，他還在竭力於讓共產黨人知道基督教作為一種人道精神，即是體現在他的身體力行上，尤其是醫生，更不應該喪失其應有的職業精神。

我不知道我這種話是否有一些影響，但作為一位參加共產運動的基督徒，我真誠地請求妳，設法將我對於全世界基督徒的熱切期盼刊佈出來，努力去產生一個新的革命的基督教，這新的革命的基督教將會同一切進步的勢力合作，尤其對於眼下在嚴重的危機中的中國將會給予幫助。作為一個醫生，我樂意歡迎一切種類的醫務工作者到這兒西北來。我們尤其需要牙醫，尤其需要訓練合於軍隊工作的新醫生的教師。我們不需要他們僅是共產主義的同情者，但我們卻歡迎一切對於人道主義的工作發生興趣的人，或者肯急切援助在對日作戰的兵士的人。[29]

言談中，傅連暲不斷地重申到現在為止，他仍然對他的信仰殷切堅守，他相信作為一位開明派的基督徒，是可以獲得共產黨人的接納的。特別在談話的最後，他還不忘了請海倫代為在海外呼籲一些有人道主義精神的傳教士醫生到來。

法國記者的訪談中，傅連暲多次說到「我是一位基督徒」，而且不是紅軍中唯一的基督徒，他尤其感到，作為一位基督徒醫生，其救人治病更是他的天職，對任何人都應該是如此的，尤其

對於為人民奮鬥的紅軍，更認為這即是他的責任所在。對照之下，傅連暲《在毛主席教導下》一書中所述關於他與基督教信仰的關係也就不得不存疑了。傅在接獲毛主動詢問他入黨之事後，去找陳雲談入黨的要求，於是特別談了一段關於信教的問題：

> 大革命以前，我是基督徒，但是實際上我並不信教，我小時候，父親在汀州做工，到教堂去聽英國牧師傳教，後來英國牧師要我到他們辦的福音醫院去學醫，父親為了使我得到學習機會，也為了有碗飯吃，帶著我母親和我入了基督教。這事過去在汀州時我曾跟毛主席談過，他知道我們信教是為了吃飯。[30]

傅連暲形容他終於如願以償，1938 年 9 月 7 日正式加入中國共產黨。然而上述這段話總令人感到不解，究竟他在外國記者面前所說的，和他自己的自述，他和基督教的關係，是要相信誰呢？斯諾的《西行漫記》也特別提到傅連暲，他也同樣的突出了其基督徒的身分的特別意義，尤其將他作為一個例子說明當時共產黨對宗教的基本態度。[31] 也許，我們可能更多相信外國記者，恐怕傅連暲在他們面前所說的，相對而言是比較自由一些。

加入共產黨真的是傅連暲一直都期待的事嗎？他熱切地救治共產黨傷患，並投入共產黨的長征並不能因此就認定他想加入共產黨。也許是傅連暲始終明確地保持其基督徒身分，共產黨對他也有所顧慮，所以一直都把他入不入黨的問題擱置，當毛澤東開口主動說及傅加入共產黨，是邀請還是別無選擇？我們從《延安

Helen F.Snow,
(Nym Wales),
Route 1, Madison, Conn.

MY YENAN NOTEBOOKS

By

Nym Wales

APRIL 21, 1937. SIAN--ARRIVAL AND DEPARTURE

(1) Personal Snow letters.

APRIL 30, YUN YANG, SHENSI. AT P'ENG TEH-HUAI'S FIRST
ARMY HEADQUARTERS.

(2) Interview with P'eng Teh-huai on the Sian In

海倫兩本與延安相關的著作：
《延安筆記》及《紅色中國》。
（圖片來源：作者翻拍攝自原書）

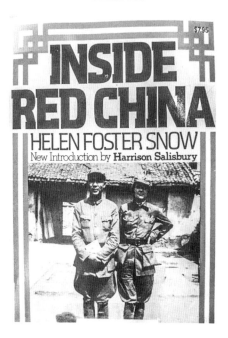

筆記》中清楚地讀到海倫記下了傅連暲向他說的一句話：

> 至今我仍然是天天的祈禱，基督徒也可以是革命者。[32]

　　從 1944 年美國記者斯坦訪問傅連暲的談話內容，再加上上述 1938 年海倫這段記述，傅連暲不僅沒有否認其基督徒身分，甚至還特別強烈地表示，在他認為基督徒和共產黨在理想和精神上是一致的，多少暗示著是不是黨員顯然不是最主要的問題，共產黨不僅知道他是基督徒，他們也沒有強迫他加入共產黨。如果確實是這樣，我們該如何看待傅在 1959 年出版的《在毛主席教導下》向共產黨所做的告白？

　　再者，為何宣傳部陸定一要特別指示於 1949 年 6 月 21 日的《人民日報》上重刊 1937 年 5 月那篇法國記者訪問的舊稿？究竟還是不得不讓人起疑竇，宣傳部的「反宣傳」，正是表明了傅連暲長期在紅軍隊伍中所造成的印象——「是不是共產黨員與否並不太重要，就像傅醫生那樣，他是一位基督徒，卻也可以和共產黨員在一起，彼此合作，一同促進革命。」

　　至少我們可以肯定的是，傅並非真的積極想加入共產黨，他更多的是以一種天真的態度認為，他的表現可以獲得共產黨員的認可，不加入共產黨同樣可以是一位好的共產主義運動者，理由是彼此都是基於人道主義的精神在實踐自己的理想，他作為醫生，與作為基督徒，不會與共產黨的革命有所衝突。

　　由於與毛澤東長時間的緊密互動，彼此確實形成了非常良好

的友誼。所以在傅的印象裡，他已獲得了黨的接納，加不加入共產黨，看來也並非如此必要，所以才拖得如此的久，而且還變成了一個謎，一位加入長征的醫生，竟然還不是共產黨員，這是否也就意味著黨也認可了這種關係的存在，造成了一種印象，以為革命的精神比黨員的身分更為重要。總之，至少我們不需要把傅連暲的「告白」視為理所當然的，外界刻意地標示傅是「從基督徒到共產黨員」而非「基督徒共產黨人」，其中詞語的應用，就是一件令人遐想之事。

醫生的天職即是救人

基督教在中國傳教事業，唯一比較不易被打入帝國主義之列的，屬醫療事業這一塊，仁者仁術，救命第一，基本上都是正面的。所以，許多基督教醫院的傳教士醫生都普獲肯定，民眾可以直接接觸到這些教會醫院及傳教士醫生對他們的幫助，要扣他們作「文化侵略」（西醫替代中醫）或「帝國主義間諜」之罪名是不易的。[33]

紅軍革命開打，傷殘在所難免；長征途上的艱苦，大病、小病，都足以減弱戰鬥的能力與信心。所以，要做好醫療衛生，除了醫生，就是醫療器材與藥物。作為一位醫生，傅連暲的基督徒身分無疑給了他極度的便利，對共產黨而言，這是再清楚不過的事，傷病是要立即解決的，人員若遇到傷病就必然威脅到革命運動的進行。不管是在游擊戰或長征途中，傅連暲這位不屈不撓的

基督徒醫生絕對是他們的精神和肉體的一大支柱。

「巧婦難為無米之炊。」傅連暲醫術再高明，仍需要依賴必備的基本藥物與醫用器材，由於具有教會醫院的背景，加上又是一位基督徒，在長汀時期就已成功地突破國民黨對蘇區的封鎖，之後在長征的路上，也同樣藉此特殊身分向教會或基督教團體向白區順利購得所需的藥品，無疑的，正因為「看在上帝的分上」，這也就解決了不少困難。[34] 傅連暲曾化名「鄭愛群」去籌藥物，連他的夫人都不知道此事。

正如傅連暲在接受採訪時所做的反應，在紅軍隊伍中確實有不少基督徒醫生，他與白求恩（Henry Norman Bethune）首次前面聊起關於基督徒的事，白求恩告訴傅連暲說，他的父親即是一位長老會的牧師。[35] 對共產黨人而言，白求恩醫生（一般被稱為「白大夫」）是一位烈士，作為一位曾以自願者身分投入到西班牙反法西斯內戰的加拿大共產黨員，沒有哪一位外國醫生如此受到共產黨人崇高的致敬，甚至，還以所位於中國河北省石家莊市的醫院取了他的名字（全名為「中國人民解放軍白求恩國際和平醫院」），但是，卻很少人留意到白大夫身邊一位護士，名叫瓊·尤恩（Jean Ewen，中文名「於青蓮」）是一位天主教徒，是她以護士及翻譯的身分受加拿大共產黨之請託，陪白求恩坐船來到中國，並一直在他身邊，當一位稱職的翻譯，那是尤恩第二次到中國。

上一回尤恩在中國的時間是從 1933 年到 1937 年，主要是參與天主教方濟各會的醫療傳教的工作，回到加拿大不到半年，

白求恩醫生身邊擔任翻譯和護理助手尤恩,是一位加拿大的天主教徒,
死後安葬回中國河北省保定市唐縣軍城鎮的晉察冀烈士陵園。
(圖片來源:作者翻拍攝自 *Canadian Nurse in China*)

1938 年又回到中國則是受加拿大共產黨之邀，全程陪同白求恩在中國的行程，擔任護士和翻譯，直到 1939 年 6 月回到多倫多，白求恩則於同年 10 月逝世。[36]

這位在白求恩身邊的一位外科護士瓊・尤恩，有一段談起傅連暲的話：

醫院的院長是傅連暲大夫（Dr. Nelson Foo）。時為四十四歲，身材瘦小，對自己流利的英語頗為自豪。他用優美柔和的聲音對我們說，他畢業於福建省的一所教會醫院。因為賀龍的部隊需要醫務人員，他們路過湖北的時候就就地取才了，把他和一名傳教士一位修女抓了起來。當時上海的外國媒體和世界各國媒體都報導過這件事。迫於輿論壓力，他們把傳教士和修女悄悄送回教會，他自己則自願留在部隊裡，因為他認為救死扶傷是上帝的旨意，他是一位十分虔敬的基督徒。[37]

為何海倫、斯坦和尤恩三位外國人士的記述中，都提到傅連暲的信仰態度，而且一致的表示傅連暲對自己作為基督徒能參與到紅軍之列中是感到驕傲的，甚至還要處處表現得這一切的實踐和努力都是與他的基督徒信仰有關，並始終相信基於人道主義精神是他投入共產黨運動的最大理由，也相信共產黨所做的也是基於人道主義的理想。

尤恩的父親是一位共產黨員，在中國漫天鋒火之際返回中國，白求恩所有英勇表現的背後，這位小護士居功厥偉。事實

上，包括一些非教會背景的國際團體，如國際紅十字會、國際飢荒救濟會（International Famine Relief）、國際聯盟流行病防治小組（The League of Nations Epidemiological units）等，他們的號召對象也主要是教會的醫務人員，所以基督教在這方面確實間接發揮了積極的作用。也是因為尤恩，正是她具備了與教會的良好關係，使得她順利從教會或傳教士那裡獲取必須的藥品，這些事經常會令白求恩不得不誇讚傳教士為中國所做出的貢獻，居間努力的正是這位小護士。[38] 換句話說，同樣是基於人道精神，這些傳教士確實提供了藥品給白求恩，並也受到天主教教團的接待，這一點恐怕是別的團體是很難辦得到的，白求恩就曾針對中國援救委員會未能提供藥物發出抱怨。[39] 總之，救傷及藥物的提供，都是基本應有的人道立場。

回過頭去看，我們認為紅軍一大批傷患突然闖進福音醫院，相信是傅連暲從未想過的，外界對於共產黨革命行動的不利報導，傅肯定也曾耳聞。尤恩提及的一些細節，包括賀龍把他和一名傳教士、一位修女（此人可能名為曾素英）抓走，以及當時上海的外國媒體和世界各國媒體都報導過這件事，這些都未在傅連暲爾後的告白撰文中提及。

我們從尤恩的回憶錄中可以看到，共產黨的隊伍中有不少的傳教士，他們的角色主要是醫務人員，就像尤恩本人那樣，他們沒有想得那麼複雜，救人是他們的第一原則，其他都是其次的。早在白求恩尚未來到之前，延安就有一位名為理查德·布朗（Richard Frederick Brown）的醫生，他是一位加拿大教會派來的

傳教士。[40] 理查德‧布朗也是來自加拿大，畢業於多倫多大學醫學院，曾在河南聖公會工作過，並在歸德（現為商丘）聖保羅醫院當一位的傳教士醫生，之後加入鄭州地區國際紅十字會戰地救援，他也以紅十字會的名義向八路軍地區運送物資和藥品，白求恩來華後，以「加美巡迴醫療隊」之名在八路軍的隊伍中，並到達延安。理查德‧布朗經常奔赴前線救援傷病，實際參與抗戰，而且還協助募捐籌建國際和平醫院，直到 1943 年，該院已有 920 名醫務人員及 12 個醫療巡迴隊。關於理查德‧布朗與白求恩的互動。

另一位與白求恩有過交會的傳教士為羅光普（Robert McClure，又名羅明遠），出生在中國，父親（河南七賢羅維靈，William McClure）是來華的加拿大傳教士醫生，由長老會派至鄭州組織教會醫療救援，與理查德‧布朗一同送物資和藥品到延安。白求恩曾特別對布朗大夫本人及其醫療經歷問了許多問題，他最想知道的是布朗大夫與共產黨的關係如何，在尤恩的回憶錄裡提及在紅軍隊伍和蘇區裡存在著不少像布朗這樣的傳教士醫生，這些人恐怕絕大部份都是默默無名的，有報失蹤的，也許之後死了也沒有任何消息，尤恩說了相當中肯的話：

中國的大多數醫院都是由教會資助建立起來的，依我看，在歷史上西方的教會給了中國變成強大民族的一股助力。這裡大多數大夫和護士並不是對政治不感興趣的人，這些獻身科學的人們到八路軍、新四軍來貢獻他們的技術。[41]

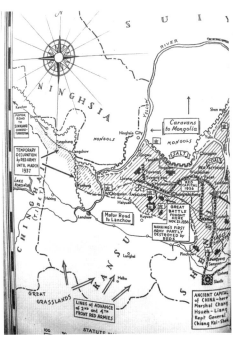

長征路上及地圖。
（圖片來源：作者翻拍攝自 *Inside the Red China*）

　　雖然白求恩大夫認為，如果來中國的傳教士只知道投身上帝
而不關心時政，那是很奇怪的事，但肯定在那個時期到中國來的
傳教士很難不捲入政治，但對他們而言，儘管政治同他們的本職
不相干，也恐怕不需要在乎中國共產黨怎麼看待這個問題，在那
個年月裡，任何人都不會拒絕別人的幫助，特別是醫療救助，這
也就說明「傳教士醫生留在共產黨政營助人卻又不覺得共產黨對
他們排斥」的原因。這個理由同樣適用於理解傅連暲一直都未加
入共產黨的理由。

　　我們留意到尤恩提及當時上海的外國媒體和世界各國媒體都
報導過福音醫院醫務人員被綁走的消息，不管傅連暲事後對此事
如何的輕描淡寫，但是作為一家外國傳教團體的醫院及其人員與
共產黨人的武力革命碰上，無不緊張的，但傅從未提及紅軍放走
之前綁架的一名傳教士和一位修女。可見，情勢是非常險峻的。

　　傅連暲選擇不走，並之後又參與長征，說自願也可以，說半
強迫也可以，因為傷患眾多的革命軍此時此刻充分的意識到，革
命隊伍中不可能沒有醫生，這是最基本的，沒有戰傷也會生病，
傅連暲和他整個醫院已是囊中物，他的加入與是不是共產黨員並
沒有必然的關係，但作為一位醫生，不管政治立場如何，只要能
救人就行。

　　因此我們從傅連暲所有的公開自述，也僅僅是說他曾讀過一
些馬克思主義的書（瞿秋白的《新社會觀》），但從未說他一開
始就有成為共產黨員的念頭（「加入共產黨」一語極為模糊），即
使是走在長征的隊伍中，也並未看出他有準備提交成為黨員的申

被中國共產黨高度評價的白求恩醫
生。

（圖片來源：取自網路）

請，所以他與毛澤東等人的互動，都是作一位救世濟人的醫生應有的表現，如他所說的「人道精神」。

當毛主動向傅說「可以入黨」，並不是說傅已申請了很久，所以終於等到毛的首肯。情況很可能是，與毛互動了這麼多年，毛這一突來「可以入黨」的話，對傅來說是憂多過喜，難道非得入黨嗎？

問題就在於從汀州到延安，傅的個人生命早已和紅軍的命運相連，「入黨」其實已沒有那麼重要，這種長久以來的統一戰線應該早已獲得信任，這也是為什麼傅連暲在外國記者或友人那裡，總更多是談論自己基督徒的身分，他對於信仰的堅持反倒是無庸置疑的，這恐怕正是傅一直以來在紅軍隊伍中堅定不移的信念，他一再的受到表揚和肯定，也許就此天真的以為，加入共產黨與否其實絕非必要的。

傅連暲不是不知道共產黨在閩西的活動，但作為一名醫生，又是基督徒，他沒有選擇，他只能站到傷者或急需要醫療救助的人那邊，不論他是共產黨或是無神論，人道精神是他從基督教信仰中那續承過來的，因此這條路不存在著選擇的問題，即便有可能面對諸多的風險，內心的艱難肯定是有的，但救人第一是醫生的天職，基督徒也應履行此職。

五卅慘案發生後，傅連暲代表了當時汀州基督徒聯會發表了相關的議決，表示對此案的關心外，並呼籲懲兇、憮恤、謝罪等，甚至主要基於基督徒的精神，應取消不平等條約。這都說明了當時在汀州的氛圍。[42]

延安時期的毛澤東（左）與朱德（右）。
（圖片來源：作者翻拍攝自 Inside the Red China）

　　傅連暲關心的，是為什麼基督教組織僅僅停留在宣揚博愛的教義上，而從不解決中國的任何實際問題？因此，他之所以加入共產黨的運動，即在於他想用實際的方式來協助共產黨解決中國的問題。當賀龍的部隊在南昌起義兩周後，不少傷兵送到汀州來，傅連暲說他不可能眼睜睜地看著這些傷患受苦或死去，作為一位基督徒，協助受傷受難的人是不該猶疑的，對待傷病者，作為醫生也是一種天職，不應討論他們是否是「赤色」。[43] 這也就是海倫‧福斯特‧斯諾所形容的，傅連暲的所作所為，即是嘗試將基督教教義和共產主義運動融為一體，人道主義即是他的動力。

　　我們也許還可以留意到另一事件。

　　當 1934 年 10 月，傅連暲跟隨著紅軍的隊伍長征時，他的夫人劉賜福卻未跟隨，他的子女也留在瑞金；1936 年夏天，傅連暲在寧夏與陳真仁結婚，不久就到了延安。其實，劉賜福在身分上是一位小學教師，但她也懂得基本的醫療，長征隊伍肯定也需要這類型的人，何況又是傅的太太，參與長征也非突然。根據劉的回憶也看不出傅曾與她商量過，傅也未提及這一部份的故事，因此，其中有諸多複雜難解之隱，基本上已無法還原，只是在兩人留下的文字中仍存在著諸多待解之謎。[44]

　　很少人留意到，在共產黨的革命隊中，他們呼叫傅連暲為另一個名字：鄭愛群，我們不知道「愛群」是否代表著傅的基督教精神共產主義理想的融合？但他的入黨被毛澤東說成：「一個基督徒成為共產黨員，很有教育意義。」這位「從基督徒到共產黨員」的醫生，最終躲不過文革，儘管寫信給毛澤東，仍慘死在秦

城大牢，甚至屍骨無存，找不到他的遺體，不幸應驗了他 1947 年
10 月 17 日同樣寫給毛澤東信上那一句話：「過河抽板」，當然共
產黨「過河抽板」之事不僅是傅連暲這樁、一人。

第 4 章

紅軍長征隊伍中被綁架的傳教士
——蕭克將軍與薄復禮的一段友誼 *

在中國革命通向勝利的征途中，有不少國際友人做過貢獻，他們無疑是值得我們尊敬和懷念的。同時，也還有一些外國人士直接或間接地做了有利於我們事業的事，我們對他們同樣不應該忘記。

　　　　　　　　　　　　　　　　　　　　—— 蕭克將軍

傳教士與紅軍

　　1938 年，八路軍總司令部駐紮於山西省洪洞縣城東約二十華里（約十公里）的馬牧村。當時洋溢著春節的喜氣，總司令朱德正與紅軍弟兄們激烈的進行藍球比賽，突然被叫停，朱德趕緊穿上外衣，遠處見到了進來幾位外國男士和女士，陪同的有彭德懷等人。大步走上了廣場的發言臺，這些外國人將手上帶來的物質和鈔票，就這樣的遞交給朱德，朱德稱這些外國人為「漢口的朋友」，其中最重要的一位人士即是漢口聖公會吳德施（Bishop L. H. Roots）主教的女兒法蘭西斯·魯茨（Frances Roots）。[1] 從吳德施主教到何明華主教，這兩位聖公會主教受到中國共產黨人的敬重與佩服，前者與辛亥首義間接有關，後者還被外界稱之作「紅色主教」。[2]

　　與法蘭西斯·魯茨隨行的人士中，有不少傳教士及教會人士，他們同是漢口西北游擊隊後援會派出來的國際慰勞團，來到八路軍，他們帶來了紅軍最需要的物品——藥物，以及大批襪

內地會傳教士合影。
（圖片來源：作者翻拍攝自《一個外國傳教士眼中的長征》）

子、牙刷、肥皂、衣服、紙牌、烟草等，還有不少的現款，這些
東西都是持同情態度的教會團體為此西北游擊隊募集和捐贈的。
之後，國際慰勞團與朱德將軍做了一次合影，這張照片經常出現
在與朱德相關的出版品中。

　　漢口西北游擊隊後援會最主要的發起人是史沫特萊，她是
中國共產黨最信任的外國人士之一，是她主動找到被外界稱作是
「紅色主教」的吳德施協助，告訴吳主教八路軍的需要。[3] 吳主教
於是就向教友和教會機構進行召募，並派其女兒組成這一個代表
團，一路來到了山西。其實，像這類傳教士協助紅軍的故事不算
少，他們都是秉持著宗教信仰悲天憫人的心志，拋離黨派政爭的
考慮，只要是救人的事，都樂於伸出援手，儘管「恐共」的宣傳
在傳教士的群體中也未曾停過。漢口的這間聖公會主教公署，經
常會聚了不同國家的人，由於八路軍的人員經常到這裡，往來頻
繁，被外界稱之作「延安」。[4]

　　然而，在所有傳教士與紅軍的互動故事中，沒有比發生在
貴州一段和二軍、六軍之間亦敵亦友、患難與共的關係更令人玩
味及感動的，這段故事中的一位主角蕭克將軍在垂垂老矣時仍談
起，想見一見當年這位被他俘虜的傳教士，說起時就像是一位感
情深厚的老朋友一般。這位傳教士的名字叫薄復禮（Rudolf Alfred
Bosshardt Piaget, 1897-1993），民國政府外交檔案及上海申報譯作
「波夏德」，又叫「勃沙特」），被內地會派往在貴州省鎮遠、黃平
和遵義一帶傳教的傳教士。[5]

上圖：青年時期的蕭克將軍。
下圖：年邁時期的蕭克將軍。
（圖片來源：作者翻拍攝自《一個外國傳教士眼中的長征》）

一張小小的地圖

　　1934 年 8 月 9 日，紅六軍團作為紅軍長征的先遣部隊，掀開了長征的序幕。9 月 20 日由湖南靖縣進入黎平縣，10 月 7 日，紅六軍在石阡縣甘溪與桂軍激戰，之後一部份向鎮遠前進，一部份轉入岑鞏客樓地區。紅六軍團兩次進出黔東南，蕭克在談到當年征戰的情形，仍感到震驚與振奮，紅六軍可以順利突破了貴州和廣西及湖南軍隊的圍剿、追堵，10 月 24 日在黔東印江木黃和賀龍會師成功，為長征的氣勢與勝利，起了激勵的作用。

　　這支由七千名男女組成的中國工農紅軍長征先遣部隊稱作第六軍團，26 歲的團長蕭克領軍，從江西出發，轉戰湖南廣西經過無數的戰役後進入了貴州苗嶺山區，準備與賀龍的第二軍團會師。這支軍隊殺敵無數，接受過各式險峻的考驗，都成功的突破重圍，然而，當他們進入崇山峻嶺時，道路險惡，一種無法想像的困難就在他們眼前，他們愈來愈感到無助，一直都無法走出這一大片荒山野嶺，原來他們已迷失了，無法走出來，各個士兵的士氣逐漸的在削弱中。

　　的確，這趟西征之路，二萬五千里長征的序幕，在此來到了關鍵的時刻。此時，突然有軍團團員報告說，他們在路上抓到兩個「洋票」，於是，就這樣開啟了一段被薄復禮自己形容作「被上帝的手送到紅軍那裡」十八個月神蹟般的日子。[6]

　　薄復禮生於 1897 年，當時，父母已從瑞士移居到英國。1922年，薄復禮接受了內地會的差遣，遠赴中國，經上海再進入貴

為紀念紅軍長征勝利 80 周年拍攝的電影《勃沙特的長征》，2017 年公開上映。
（圖片來源：作者取自網路）

州，他給自己取了一個帶有儒家意味的名字：「克己復禮」，展開其傳教工作。薄復禮在貴州省鎮遠、黃平和遵義一帶傳教，所有的旅途基本上都是徒步，沒有車輛，甚至也未曾在這裡見到過白人臉孔的歐美人士，他與其夫人露西（Rose，中文名叫「羨萬美」）在貴陽結婚，想來他就此一生與露西平靜地度過傳教的生活。

1934 年秋，薄復禮夫婦被邀請到黔西主持一場禮拜，結束之後即準備前往安順經黃平縣舊州鎮再回鎮遠，這一趟旅程約有十天之久。關於紅軍的消息早已略有耳聞，所以一路上特別小心，希望可以避開就避開，無奈，以為走小路會比較順利，結果還是被碰上了，從樹裡衝出了一群手持步槍的軍人，兩人頓時魂飛魄散，想說這回可慘了，也不知道對方究竟是誰。在貴州，強盜土匪出沒並不意外，但這幾個人從外表上看來不太像，也不是為搶劫而來的，根本也沒有機會問清楚，薄復禮和露西就這樣五花大綁的被這群人帶走，但在被帶走的途中，心裡也懷疑起來：是不是真的遇上紅軍了？

終於，他們到了一個山村，到處貼著標語，薄復禮根據常識判斷，真的就是紅軍。這一天是 10 月 1 日，正是紅六軍團搶渡大沙河，攻占了地主武裝盤據的黃平縣，在此，薄復禮與他們不期而遇，而且意外的是，這些紅軍士兵並不是要搶他們的財物，反而把他們鬆綁後帶到保衛部。

薄復禮希望可以獲釋離開，於是主動詢問需要交多少贖金才可以讓他們走？保衛部的人回答他說要十萬元美金。這個天大的

數目在薄復禮聽來，簡直是宣布他的絕望，十萬元美金來換他們倆的性命，看來是不太可能的了。然而，薄復禮還是安定自己的情緒，開始寫信給國內外相關教會機構，尋求一丁點的希望，口中唸唸有詞，祈願上帝施行神蹟，他們倆的小命可以保得下來。然而以當時的情況看來，他們只能做為紅軍隊伍中的「俘虜」（實為綁架），以期談判成功，獲釋返家。

紅軍隊伍來到了舊州，又俘虜了另一位傳教士和他的家人，這位教士的中文名字叫作成邦慶（Arnolis Hayman，從音譯也可叫他海曼），與薄復禮同屬內地會，是一位紐西蘭人，除了太太露西還有兩位小孩，四個人一同地被架上了紅軍的隊伍中，同樣的談及到贖金的問題。之後，其餘的家人通通被紅軍釋放，只留下了薄復禮和成邦慶兩人。[7]

事實上，紅軍原是有計劃地要俘虜成邦慶，這些傳教士在宣傳上被視為「帝國主義間諜」，但更重要的莫過於作為一個外國人質——「洋票」要比「土票（中國俘虜）」更有價，有利於紅軍作為與外國團體談判獲得贖金，據說可以叫到十萬元大洋的價碼。就在紅軍準備去教堂捉成邦慶，但卻在路上先遇到了薄復禮，可謂池魚之殃，就這樣他們就在這長征的隊伍中共患難，目睹了在長征路上發生的種種現象。

由於強調他們是因為間諜嫌疑被俘而不是為了贖金，紅軍根據中華蘇維埃共和國政府法律，分別判成邦慶一年（從抓捕的日期 1934 年 12 月 19 日算起，直到 1935 年 12 月 18 日）、薄復禮一年半（從抓捕的日期 1934 年 12 月 19 日算起，直到 1936 年 6 月

長征途中紅軍合影。
（圖片來源：作者翻拍攝自《一個外國傳教士眼中的長征》）

18 日），並追加罰金，前者 45 萬，後者 30 萬。當時主持臨時法庭的首席法官名叫吳德峰。[8]

在與紅軍一同行軍，不斷地趕路，但並未令成邦慶和薄復禮吃不消，主要是他們倆在這一代傳教的工作都是以步行為主，只是因所有的俘虜都是被捆綁著行軍的，行動起來總是不自在，但比起隊伍中的中國俘虜，他們的待遇確實好得太多了。

作為紅軍的「洋票」，過程中難免受到某種程度的苦待，被要脅可能將他們給殺了。然而，接下來發生的事件，使得整個情勢發生了變化。

原來紅六軍此時面對最艱難的問題是，他們缺乏一份具有軍事價值的地圖，以作為之後他們西征的指引。由於困在這山區，手上僅有的是一張小學課本上的地圖，這張地圖只能僅僅地知道省會、縣城、大市鎮的大概位置，基本上，完全沒有戰略性的價值，甚至，要靠這張地圖走出山區，也是一件難以辦到的事。總之，作為紅六軍團團長的蕭克將軍，他煩惱的是，如何為整個部隊找到一個有利的軍事和戰鬥位置，更重要的是走出這個山區並成功突破國民黨軍隊的圍剿。

事實上，蕭克將軍不是沒有嘗試過。

他曾詢問過一些地方人士，可惜的是，若不是言語不通（苗族居多，且知識水準低），就是在地的人根本就沒有走過超過二十公里以外的地區，所以他們壓根都不知道跨過一個山或一條河，那裡將會如何以及它又將通往何處。作為軍事將領，蕭克將軍所遇到的，是一個軍隊的生死存亡，因為它涉及到戰鬥力的問題，

以及未來如何與其他的紅軍相會和集結之可能。

　　此時蕭克將軍正想著如何解決此一困難時，奇妙的事情發生了。

　　1934 年 10 月 2 日，紅六軍在舊州城裡的一座天主教教堂，發現了一張比較複雜的地圖，相較於之前小學課本的地圖，這張地圖確實是仔細得多了。對此，蕭克喜出望外，期望於這張地圖可以順利幫助他突破重圍，能夠成功地獲得有利的戰鬥位置，特別是走出這個陌生的山區。但是，這個希望再次地落空，理由非常簡單，因為這是一張充斥著外國文字的地圖，在他們當中根本沒有人可以讀懂地圖上所標示的地形和內容，這等於說，眼前這張地圖仍然不能為他們帶來突破性的進展。

　　正在為此煩惱之際，蕭克將軍突然想到，何不問問那兩個外國人？也許他們懂得外國文字，可以為他們解釋清楚。於是，夜深之際，蕭克將軍召見薄復禮，想向他請教這張地圖的實際詳情。

　　這是蕭克將軍與薄復禮第一次近距離的互動。蕭克將軍向他請教了這張地圖，看來薄復禮基本上能識別出那是一張法文版的地圖，接下來，蕭克就向薄復禮指出地圖上位置和地名，仔細的聽著薄復禮講述著地圖上的各個角落和位置，儘管薄復禮的口音不易聽清楚，蕭克還是耐心地註記下來，將之翻譯作漢字，不一會兒，就在這張一平方米大小的地圖上填滿了密密麻麻的手記漢字，蕭克將軍邊記錄邊感到滿意。

　　那一晚，蕭克將軍除了獲知這張地圖詳細的內容，更是藉此機會聊到了薄復禮個人的種種事蹟，等於加深體認了薄復禮和其

來到中國傳教的種種目的，有別於過往一般在紅軍中對傳教士一概視為帝國主義侵略者的偏見，蕭克將軍真正見識到了傳教士所為何事。

蕭克將軍所說的「友誼」

　　紅軍各部經過黔東南，不論是行軍打仗，還是駐地休整，也不論是穿鎮過城，還是露宿苗村侗寨，所到之處，都處處充滿著挑戰。尤其是黔東南地區是苗、侗等少數民族聚居地，語言不通是一個挑戰，地理環境不通也都成了紅軍迷失於一大片山區和偏野之危險挑戰。薄復禮不僅翻譯了法文版的地圖，他偶而還充當少數民族和紅軍之間的翻譯，並指引紅軍行軍的路況，好盡快走出這片窮山僻壤。

　　這是一場奇特的相遇，當蕭克將軍回憶起來，對於薄復禮已不僅是一種友誼，而是對這一位傳教士產生了莫名的好奇，關於薄復禮的種種，特別是其傳教士的身分，已有了更多的認識。

　　蕭克將軍於 1980 年的《近代史研究》的刊物上，回憶起發生在當年那件綁架傳教士的故事：

　　時隔多年，我之所以念念不忘，因為這是一件不能遺忘的軍事活動。當時，我們在貴州轉戰，用的是舊中國中學課本上的地圖，三十二開本，只能看看省會、縣城、大市鎮的大概位置，山脈河流的大體走向，沒有戰術上的價值。當我們得到一張大地

圖，薄復禮幫助譯成中文，而且是在最需要幫助的時候，解決了我們一個大難題；同時，他在邊譯邊聊之中，還提供了不少有用的情況，為我們決定部隊行動起了一定作用。他幫助我們翻譯的地圖成為我們轉戰貴州作戰行軍的好「嚮導」。[9]

　　換句話說，手上沒有地圖當然走不出去，即便有地圖卻看不懂上面的文字，其結果也是一樣，正是這張地圖改變了傳教士與紅軍的關係，加上與薄復禮交談，給了蕭克將軍在軍事上諸多有用的幫助，薄復禮與這支紅軍一起長征（走了六千英里），走出重圍，一共被扣留了整整 560 天。

　　薄復禮對於紅軍能夠在未獲任何分文贖金就被釋放，感到不可思議，其實，紅軍與內地會的談判仍在進行，傳教會方面也派了幾位中國人信使過來。[10] 一天晚上，薄復禮突然被傳說蕭克將軍要請他吃飯，原來同行的成邦慶已於四個月前釋放，之後卻又擄獲了一位只有 28 歲的德國籍天主教神父凱爾納（Heinrich Kellner），當天的飯局，凱爾納陪同前往。其實，經過波折，薄復禮的身體早已吃不消，經常咳個不停，在即將被釋放前，蕭克卻款待他像是為一位老朋友送行一般，當天晚上他們彼此間的話題，竟然是環繞著蕭克將軍親自下廚燒的粉蒸肉上。那一天晚上，薄復禮心中的激動可想而知。[11]

　　薄復禮在他的回憶錄《抑制之手》（*The Restraining Hand: Captivity for Christ in China*，中譯名為《一個外國傳教士眼中的長征》）當中，寫得非常清楚，1936 年 4 月 12 日星期天，也是復活

紅星
與
十字架

節的早晨，來到接近昆明的大板橋，他終獲自由，紅軍允許他無條件離開，回去與其夫人重聚。

那一天早晨，紅軍的將領為他準備了 10 塊銀元，以供作路上之需。而且，就在準備離開之際，這位一開始被紅軍認為是間諜而叫作「洋鬼子」，之後則改叫著「大鼻子」，到最後人們叫他作「薄牧師」，眼前出現了一個令人無法想像的畫面，即部份士兵列隊目送他離開，更重要的是他們還交給了他一份由蕭克將軍所擬的「通行證」，因為擔心一路上可能會再遇上別的事，以備作不時之需。

同行者成邦慶早他四個月前就已獲釋（共俘 413 天），這回終於如願以償，薄復禮重獲自由，這一路走來相當順利，終於來到了昆明，並在昆明教會醫院中接受觀察治療。他的妻子獲知消息，遠從上海飛抵昆明與薄復禮相聚。躺在醫院的薄復禮，別的什麼事都不做，趕緊提起筆來，把他 560 天所發生的一切事，詳細記錄了下來，他用了三個月的時間完成一本書，1936 年 8 月在英國出版。

薄復禮的回憶錄以《抑制之手——為基督在中國被俘》為名，全書 288 頁，內容充滿著對上帝的讚美，不斷地見證上帝垂憐他的祈禱，在這一段漫長的日子中所遭遇的一切，他都視為是上帝奇妙之手的安排與搭救。仔細注意到這本書出版的日期，比斯諾《紅星照耀中國》的出版整整早了一年。[12] 因此這也就意味著，薄復禮比斯諾更早於向西方公開了紅軍長征的消息，並向全世界展示了正面地看待紅軍的崛起，尤其是薄復禮所描述的紅

《抑制之手》英文原著及不同標題的中文譯本。（圖片來源：取自網路）

軍，完全不同於外界對他們所做的負面宣傳，薄復禮指出了這樣
一個不同的看法：

> 這些被國民黨當局和西方報紙稱為「土匪」或「強盜」的人，
> 實際上是堅信馬克思主義並實踐著其原理的人，是以俄羅斯為範
> 本的另一種形式的蘇維埃。

這樣的描述，無不令西方世界重新評價中國共產黨，以及也
影響到爾後共產黨在國際上的命運。薄復禮的 560 天驚魂記，實
為整個中國發生巨變的前哨站。

《抑制之手》擴寫之時，薄復禮的心情肯定是複雜的，他在序
言中寫了一首詩，不如說亦是一篇祈禱文：[13]

> 感謝被虜，
> 我的心得到了基督的愛。
> 友誼和血的聯結，
> 超過世間的一切。
> 面對先賢，
> 我把熾熱的祈禱傾吐。
> 恐懼希望追求，
> 我得到寬慰和鼓舞。
> 我們患難與共，
> 我們同勉負重。

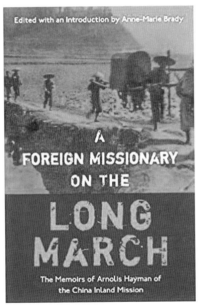

另一位傳教士成邦慶家人合影及其回憶著作。
（圖片來源：作者翻拍攝自 *A Foreign Missionary on the Long March* ）

> 為珍貴的互助，
>
> 我灑下深情的淚珠。

薄復禮對這一段日子的回憶，之後於 1973 年還出版過另一個版本，書名改作《指導之手》（*The Guiding Hand: Captivity and Answered Prayer in China*），內文有一些增訂，將原來第一版的地圖和圖片做了一些刪減，這個版次即是他於 1951 年離開中國時所做，其中恐怕也透露了一些變化。

《抑制之手》被研究中國共產黨黨史的學者們視為具高度歷史價值之作，讚揚這本書對於紅軍的長征做了非常重要的史實記載，換句話說，薄復禮忠實地記載了長征的點點滴滴。[14] 最重要的莫過於 —— 通過了這本書，西方對紅軍的認識就此改觀，至少，對於通過薄復禮的宗教熱忱所表露對於他所遭遇的事件的正面理解，這肯定比斯諾的《紅星照耀中國》的記載所達到的效果是更高的，因為薄復禮是以一個被俘虜的傳教士與紅軍生活在一起的，正是出於非志願，加上其傳教士的身分，最終被共產黨釋放，這本身即意味著紅軍的形象必然表現得更為積極或正面的意義，薄復禮之作的影響力不容小覷。

紅星與十字架

1987 年 5 月 27 日，蕭克將軍親自寫了一封信給薄復禮，想藉由《長征——一個前所未聞的故事》作者索爾茲伯里（Harrison

「免死」通行證。
（圖片來源：作者翻拍攝自《一個外國傳教士眼中的長征》）

Salisbury）代為轉送，信上的內容是如此的：

薄復禮先生：

久違了！從索爾茲伯里先生那裡知道了你的近況。雖然我們已分別了半個世紀，但五十年前你幫我翻譯地圖之事，久難忘懷。所以，當索爾茲伯里先生問及此事時，我欣然命筆告之。一九八四年我出國訪問途中，還打聽你的下落，以期相晤。如今我們都早過古稀，彼此恐難再見。謹祝健康長壽。

蕭克

五十年的難以形容的友誼，完全表露無餘。[15]

這場由蕭克將軍、賀龍等人所領導的長征，因著薄復禮在其中，起了關鍵性的作用，關鍵就在於，他不僅翻譯了那張地圖，基本上他也了解當地的環境和狀況，有他在這支隊伍當中，肯定可以發揮著積極的作用，走出宛如迷宮般的地勢。對此，蕭克說得很明白：[16]

在交談中，我不僅知道了軍事上有用的情況，還了解了他的身世。過去，我對傳教士的印象是不好的，認為他們來中國是搞文化侵略的，把他們當帝國主義分子看待，財產要沒收，拘留要贖金。這時，我們對統一戰線的認識有提高，執行政策不像過去那樣「左」了。傳教士幫助我翻譯的這張地圖，對我們在貴州行軍作戰，決定部隊的行動起了好作用。我總感到，他在困難的

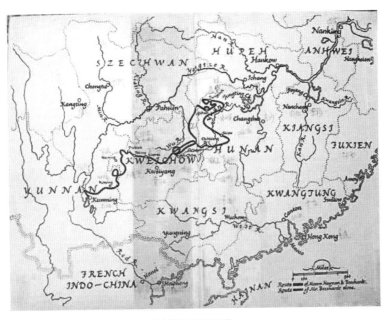

法文版的貴州地圖。

（圖片來源：作者翻拍攝自《一個外國傳教士眼中的長征》）

時候幫助了紅軍，儘管不是主動的，但總是做了對我們有益的事情，所以，我對他有些好感。

1984 年，美國著名的作家索爾茲伯里來華準備創作關於長征的故事，聯繫上蕭克將軍以做訪談，突然激起了蕭克將軍想見一見或打聽當年那位被他俘虜的傳教士，於是就請這位作家代為打聽。好消息終於傳到，索爾茲伯里不僅聯繫上薄復禮，而且還送去薄復禮所撰寫的書轉交給蕭克將軍。這兩位世紀老人，奇妙地聯繫上了，並互相問候對方，薄復禮還特別向蕭克將軍提起釋放他的前一晚的宴會，餐桌上有一道由蕭克親自下廚燒的粉蒸排骨。

粉蒸排骨是蕭克將軍家鄉的名菜，在紅軍艱苦的長征路上可以有此一佳餚，並且是宴請這一位被他擄獲的傳教士，這是多麼令人難以想像的畫面，這一晚上似有一種「一夜泯恩仇」之快，也許這也許是薄復禮一生中最令他吃得最美味的一餐吧。

曾經長征途中輾轉行走一萬八千三百一十二公里，這一段歷史共同見證了，一方面是基於患難見真情的友誼，另一方面是忠實地記載了紅六和紅二軍長征的日子。薄復禮曾親手為賀龍的女兒賀捷生織過毛衣，為這一段看似尷尬的關係中增添佳話。17

蕭克將軍對薄復禮本人及其回憶之作表達了無比的崇敬和肯定，他曾與薄復禮相處過，也了解到傳教士在中國的種種，最終說了那麼一段極其中肯的話：

也許有人會問，一個是外國牧師，一個是共產黨人，有必要

與紅軍在長征路上的薄復禮。
（圖片來源：作者翻拍攝自《一個外國傳教士眼中的長征》）

聯繫嗎？

　　或者說，這件事本身有什麼意義？

　　我覺得有意義，聯繫也有必要。

　　中國革命勝利了。在中國革命通向勝利的征途中，有不少國際友人做過貢獻，他們無疑是值得我們尊敬和懷念的。同時，也還有一些外國人士直接或間接地做了有利於我們事業的事，我們對他們同樣不應該忘記。[18]

　　1986 年，中央電視臺播放長征專題的系列影片，有一集著重介紹了蕭克將軍與薄復禮這一段的經歷。基督教傳教士與共產黨人譜出一段真誠的友誼，不僅令雙方都難以忘懷，在薄復禮看來，那是上帝的手在保護著他，紅六軍不是他們的敵人而是朋友，對蕭克將軍而言，要不是薄復禮，這場長征結果會如何沒有人知道，但肯定其會與現在的結果很不一樣。

　　當薄復禮聽到成邦慶被獲釋時，心都碎了，低下頭來平靜地說了一句：「我沒有希望了。」成邦慶在回憶錄中有一段感人的記述，他聽到紅軍的宣布時，立即表示：「讓薄復禮先生走。」理由是「他比我能走路」、「薄復禮比我更適合談判」，結果紅軍維持了原來的決定。[19]

　　兩位傳教士被俘虜後，紅軍與中華內地會總會保持著聯繫和談判，兩人的回憶錄都提及其中的內容。按內地會的原則，他們不會支付任何的贖金，不過他們卻會以另一種方式來談判，如

交給紅軍像物質或藥品給薄復禮和成邦慶，據說這些資金的來源為一位名為王家烈的中國紳士所為，極有可能，當時的貴州省主席王家烈做了一些積極的行動。所幸，四個月後，薄復禮也獲釋了。[20]

　　薄復禮沒有把那 560 天看作是他的受難，對紅軍也沒有批評或抱怨，他的回憶錄是以一種基督徒的信仰態度和靈性來表達這段遭遇的正面意義，符合傳教團體的勵志和見證的期待，而且，他也在行動上回應了這段上帝搭救的奇蹟，這從之後他還是選擇回到中國傳教這個決定可以看出他的心境。

部分傳教士的類似案例

　　「內地會（China Inland Mission）」，正如其名，即是要深入到中國內地、偏遠、散居、少有傳教士願意去的地方傳教，這些地方在各方面的條件都是大如其他沿海城鎮的，這也為什麼內地會在所有的傳教團體中總是令人感到敬佩之由，他們可謂已做好「犧牲和付出比別人更高代價」的準備。這些傳教士都不是要等到發生什麼重大事故或意外時才體會到義無反顧的，當他們在尚未踏上中國土地之前，就簽下了「生死狀」，不論發生什麼事，都已簽上了死亡同意書，無退路可言，正如在山西傳教的挪威傳教士葉永青（Peter Torjesen, 1892-1939）傳記的書名所述的那樣：《我們簽下生死狀：為福音獻出所有的一個家庭》（*We Signed Away Our Lives: How One Family Gave Everything for the Gospel*, 1990）。

的確，根據詳細的資料證實，義和團之亂時，外國傳教士死亡人數最多的團體，即是內地會；[21] 同樣的，紅軍在長征途中經常會遇到他們口中的「帝國主義間諜」，結果不是被綁架就是被殺，內地會的人數也是居首位。[22]

除了薄復禮，另一位被紅軍予以肯定的內地會傳教士，即是葉永青牧師，他的故事同樣可以作為紅軍與傳教士的關係一個美好的註腳。葉永青牧師於 1937 年第三次去到中國，這時正是清日戰爭的開始，山西的情勢尤其尖銳。47 歲的葉永青牧師把家人送到湖南，自己則留在河曲，結果在日軍轟炸下不幸犧牲，時為 1939 年 12 月 14 日。後來 12 月 31 日的追悼會上，八路軍賀龍代表紅軍送去親筆信，肯定葉永青牧師對中國的貢獻。

內地會傳教士的命運也不是都像薄復禮或葉永青那樣的。最為轟動一時的即是美國傳教士師達能（John Stam），他和夫人史文明（Elizabeth (Betty) Alden Scot）及女兒海倫，於 1934 年 12 月 6 日被中國工農紅軍紅十軍團第十九師綁架，12 月 8 日在安徽省梅德縣廟首鎮夫妻二人被公開處決，女兒逃過一劫。

1935 年是中國內地會成立七十週年紀念之時，《千萬中國魂》（*China's Millions*）主編海恩波（Marshall B. Broomhall）特別為此出版一本紀念小冊，取名《上帝所應允》。《時代雜誌》還曾做過報導。[23]

中外報導都提及涉及此案的是帶領十九師的方志敏，打著反帝國主義的旗號綁架師達能夫婦，並在慘無人道的情況之下殺害外國人士，此事驚動了國民政府及美國領事館，視為一則重大的

外交事件，於是在中外輿論的壓力下，國民政府立刻派遣大軍圍剿，最終方志敏也被當街示眾的情況之下被處死。中共黨史不太願意把方志敏的死與其公開殺害傳教士引起的爭端連結起來。他後來被視為烈士，是國共鬥爭的犧牲者，因此把這筆帳算到國民黨的頭上。

幾乎是同一時間，1934 年 12 月，薄復禮被綁架一事，在傳教士圈子裡刊載了消息，也驚動了當時政府單位，經常在報章上不時刊載了相關的消息，當然，他的被釋也自然引起了關注，甚至在他回到英國之後，在內地會的聚會中公開地講述了那段不可思議的經歷。1940 年，薄復禮仍決定帶著他的妻小重返中國，在貴州省盤縣教會工作，直到 1951 年冬天才離開中國，據說，臨走前還留下了約五十萬元（舊幣）給當地的教會。

在盤縣九年中，薄復禮一邊從事教堂的傳教工作，同時為當地普通民眾看病，幫小孩識字，編織棉帽給窮苦的人家（別忘了他曾編織棉衣給賀龍的女兒），甚至還創辦了一所「民恩小學」。[24]

解放軍於 1949 年 11 月 15 日來到貴陽，隨後到了盤縣，由於當地人民政府的要求，外國人士均一律離開，尤其傳教士的身分更是敏感。差不多所有的外國教士都相繼離開，但薄復禮卻堅持留下來，他認為以他過往的經驗，共產黨並非不講道理的，據說他在主日禮拜講道時，還援用了《聖經·啟示錄》來召告信徒上帝的工作和審判，尤其是對國民黨所施行的教訓。[25]

最後還是萬不得已，薄復禮拖到 1951 年冬天才離開，他如此地說到：

紅星
與
十字架

　　我是最後一個離開貴州的外國人，別的外國人都害怕共產黨，我不怕，因為我了解他們，只要共產黨是我所見到的紅軍，就用不著害怕。他們是講友誼的，是信得過的朋友。[26]

　　1983 年，黔東南州話劇團、貴州話劇團聯合公開演出了一部名為「紅星與十字架」的話劇，舞臺上演了紅軍俘虜薄復禮和其夫人的劇情。作者袁本文、董渝的這七場話劇的劇本，之後還被選為 1985 年至 1995 年間「第二屆貴州戲劇文學獎」的獲獎作品之一。[27]「紅星與十字架」可以說徹底表達了那一段中國共產黨人與基督徒微妙且真實的互動，在那段艱困的日子中所譜成的友誼，令人無不感動的，這與 1950 以後的中國局面可謂天壤之別。

　　1986 年，中國中央電視臺播放了長征專題系列電視影片，其中有一集著重介紹了蕭克將軍和薄復禮互動的經歷，在影片中還出現了《指導之手》這本書的畫面，蕭克將軍稱傳教士薄復禮是「中國人民的老朋友」，無疑的，彼此都從正向的意義來理解這一段過去，薄復禮把他的遭遇看成是上帝的手的保佑和眷顧，蕭克將軍則視那一次的相遇是患難與共。

　　總之，薄復禮在那一張小小的地圖上所做的，就足以讓所有知遇之恩的人無不明白，共產黨也曾交過那麼一位傳教士朋友，薄復禮表面上是紅軍的俘虜，但實質上他對蕭克將軍具有知遇之恩的重大意義，紅軍與傳教士在長征的途中所譜出的友誼，已非筆墨所能形容的。

　　蕭克回錄這段經歷時說到：

上圖：蕭克在舊州天主教堂尋獲一張法文地圖，交由薄復禮翻譯。薄復禮的雕像現立於舊州天主教堂，雕像下的文字有諸多的錯誤。（圖片來源：作者取自網路）
下圖：中共黨史上著名的遵義會議，是中共中央政治局的一次擴大會議，於1935年1月15日至17日在貴州遵義的天主教堂內召開。（圖片來源：作者取自網路）

　　傳教士幫助我翻譯的這張地圖，對我們在貴州行軍作戰，決定部隊的行動起了好作用。我總感到，他在困難的時候幫助了紅軍，盡管不是主動的，但總是做了對我們有益的事情，所以，我對他有些好感。

　　蕭克這段話，說得含蓄保守，但仍可以看出傳教士在當時發揮了關鍵作用，不誇張的說，是薄復禮救了整個軍隊的命。[28]

註釋

導論

1 海德（Douglas Hyde），《獻身與領導》，臺北：光啟出版社，1970，38。

2 《獻身與領導》，76。

3 〈基督教與共產主義〉，收入《社會福音》，上海：青年協會書局出版，1934，127。

4 「現在大家在研究黨的歷史。這個研究是必須的，如果不把黨的歷史搞清楚，不把黨在歷史上所走的路搞清楚，便不能把事情辦得更好。這當然不是說要把歷史上每一件事統統搞清楚了才可以辦事，而是要把黨的路線政策的歷史發展搞清楚。這對研究今天的路線政策，加強黨內教育，推進各方面的工作，都是必要的。」毛澤東，〈如何研究中共黨史〉（1942 年 3 月 30 日），收入中共中央黨校中共黨史教研室編《中共黨史學習文獻簡編》，張家口：中共中央黨校出版社，1983，9。

5 海倫撰寫過 17 本關於中國的書，她的《延安筆記》（*My Yenan Notebooks*）更是珍貴的第一手關於共產黨員的訪問報導，除此之外，她的《續西行漫記》（《紅色中國的內幕》，外文書名為 *Inside the Red China*）比《西行漫記》更為深入，以及其他的中文譯作還包括《旅華歲月》（又譯名作《我在中國的歲

月》)、《延安採訪錄》、《中國新女性》等。

6　參見朱紀華主編，《外國記者眼中的中國共產黨人》，上海：上海錦繡文章出版社，2015。

7　按海倫自己的說法是：「我的《續西行漫記》是一部關於延安的書，是多年來唯一的一本，而且也是唯一的一部描述了這座古老的城市及其特別神秘之處的書。《西行漫記》的背景是寫保安，因為延安是在斯諾離開西北幾個月後才被共產黨佔領的。」

8　喬治·菲奇曾與青年會代表拜訪過延安，同行的中國人幹事包括有梁小初、江文漢等人，見 George A. Fitch, *My Eighty Years in China*, Taipei: Mei Ya Publications, 1967, 144-152。

9　Helen Foster Snow, *My China Years*, London: Harrap Limited, 1984, 243.

10　1949 年 8 月 31 日，董必武在華北參加了華北區青年會區會議上發表講話，說：「青年會所做的許多事情，是符合中共政策的，也是適合當前社會需要的。在中國，農村文化低落，兒童死亡率又高，極盼青年會下鄉多做些衛生和教育的工作。青年會對社會所做的許多有益工作，人民政府是不會歧視的。」見《天風》第 178 期，1949 年 9 月 3 日。

11　Helen Foster Snow, *The Chinese Communists*, Westport, Connecticut: Greenwood Publishing Company, 1972, 35-38.

12　《延安採訪錄》，15。

13　中國同樣出現過一個名叫耶穌家庭的教會組織，其生活完全是

執行早期基督教的「變賣一切」和「凡物公用」這種共產主義式的信仰社群。他們宣稱效法初代教會的生活並履行耶穌的教導，過著一種與世隔絕並杜絕依賴於交易買賣的生活，以共有代替私有、以分享代替占有、以靈性代替物質、以友愛代替競爭、以來世代替此世等。

14 《續西行漫記》，169-170。

15 《續西行漫記》，179。

16 本人已對這些人物做了深入的研究並發表於學術期刊上，近期將集結成書以《經世與革命：中國基督教的激進思潮 1910-1950》為名出版。

17 Daniel H. Bays, *A History of Christianity in China*, Malden, MA: Wiley-Blackwell, 2012, 148.

18 吳耀宗，《沒有人見過上帝》之「後記」，（上海：青年協會書局，1948，第五版），92。

19 邢軍，《革命之火的洗禮——美國社會福音和中國基督教青年會》，趙曉陽譯，上海古籍出版社，2006，152。

第 1 章

1 聞一多於 1946 年 7 月 15 日在雲南大學至公堂舉行的李公樸追悼會上，做了一次激動人心的即席演講，這篇題為〈最後一次的講演〉的講詞，曾被選入中國的初中語文課本第四冊第四單元的第十七課，但是其中有一段文字被刪除，理由是因為文中提及了司徒雷登。

2 幾最先刊於《新華社》（1949 年 8 月 18 日），後亦收入《毛澤東選集》，北京：人民出版社，1964，1495-1502。

3 司徒雷登，《在華五十年》，常江譯，海口：海南出版社，2010，147。

4 于鴻升，〈毛澤東《別了，司徒雷登》始末〉，收入葉逢編《黨和國家知名文獻出台記》，北京：中國書籍出版社，2011，62。

5 *Records of the General Conference of the Protestant Missionaries of China, Held at Shanghai, May 7-20, 1890*, Shanghai: American Presbyterian Mission Press, 530.

6 陳毓賢，《洪業傳》，北京：商務印書館，2013。

7 燕京研究院編，《燕京大學人物誌》（第一輯），北京：北京大學出版社，2001，目次；《燕京大學人物誌》（第二輯），北京：北京大學出版社，2002，目次。

8 陳遠，《燕京大學 1919-1952》，浙江大學出版社，2013。

9 見《費正清中國回憶錄》，北京：知識出版社，1991，315-320。

10 《西行漫記》，董樂山譯，北京：解放軍文藝出版社，2002。中國史沫特萊‧斯特朗‧斯諾研究會編，《西行漫記》和我，北京：國際文化出版社，1991。《西行漫記》中譯本最早是在北平出版，書名叫作《外國記者西北印象記》。之後由胡愈之等人再翻成新譯本，交由上海「復社」出版，斯諾還特別為此作序，值得注意的是，這個出版社是由兩位基督徒所共組的，他們是胡咏騏（基督教青年會董事）和劉湛恩（滬江大學校長）。「復社」出版之《西行漫記》流傳最廣，影響了不少知識

青年，甚至還沿著該書的指引奔向延安投身革命。斯諾在中美關係上的影響力一直延續到冷戰時期，他的書以及他曾與中共接觸的經驗成了美國白宮經常詢問的「中國通」，據說1970年代中美開始往來，他還發揮了一定的影響力。

11　參見張其羽，《紅星照耀斯諾》，臺北：秀威出版社，2005，174-214。有說斯諾是一位美國共產黨的秘密黨員，見李敦白著《我是一個中國的美國人》，香港中華書局，2015，224-225。李敦白是一位加入中國共產黨的美籍人士，參與中共的革命，長期協助新華社對外的英語廣播工作，甚至在文化大革命期間出頭高舉毛澤東思想，成為一名洋人面孔的紅衛兵（即稱之作「洋標兵」）。

12　斯諾被周恩來總理的秘書龔澎形容作「不同於其他一些也想入中國的美國人」、「人人都知道是中國的朋友」，確實不同於一般的美國人，他被視為是「紅色中國的外國友人中的第一人」，還特別被拍成電影，並說明斯諾何以不同於一般的美國人，甚至之後中美關係的穿梭者即是斯諾這一位新聞記者，而非其他一般意義的外交使節。斯諾在中國共產黨史中的意義和影響，可參見張其羽著《紅星照耀斯諾》。

13　參見《夏仁德在中國》，北京：世界知識出版社，1985；《賴樸吾——中國的好朋友》，北京：北京大學出版社，1988。參見趙榮聲，《沿著斯諾的足跡》，氣象出版社，1996，以及《燕京大學人物誌》第一輯，217-218。

14　Nym Wales, *China Builds for Democracy: A Story of Cooperative*

Industry, Shanghai, Hong Kong, Singapore: Kelly and Walsh Limited, 1941, 54-60. 侯德礎，《中國工合運動研究——小型合作企業與落後地區經濟開發》，成都：四川大學出版社，1996。

15 《復始之旅》，宋久等譯，重慶：新華出版社，1984，166。

16 Peter Rand, *China Hands: The Adventures and Ordeals of the American Journalists Who Joined the Great Chinese Revolution*, New York: Simon & Schuster, 1995, 154-157.

17 「北平學生聯合宣傳大綱」、「平津十校學生自治會為抗日救國爭自由宣言」、「北平各校通電」，收入《一二·九運動》（中國現代史資料叢刊），北京：人民出版社，1980，140-149。

18 海倫·斯諾，《旅華歲月》，華誼譯，北京：世界知識出版社，1985，141-147。此書於 2015 年以《我在中國的歲月》出版一新譯本（北京出版社），由安危所譯。

19 除了斯特朗，馬海德是所有外國人中與中共高層關係最為緊密的，他是最早加入中國共產黨的外國人，其專業是一名醫生。關於馬海德個性的深刻描述，可參見李敦白，《我是一個中國的美國人》，223-226。

20 Bernard Thomas 著，《冒險的歲月——埃德加·斯諾在中國》，北京：世界知識出版社，1999，189-190

21 李偉林，〈埃德加·斯諾在燕京大學新聞系任教始末〉，見龔文庠編，《百年斯諾》，北京大學，2006，204-215。〈毛澤東·斯諾對談記〉後刊在《上海周報》第 1 卷第 13 期，1940 年，14-17。

22 《旅華歲月——海倫·斯諾回憶錄》，219。

23 "Introduction by Dr. John K. Fairbank," in Edgar Snow, *Red Star Over China*, first revised and enlarged Edition, New York: Grove Press, 1968, 12.

24 見李輝編《董樂山文集》（一），河北教育出版社，2001，331-336。

25 《冒險的歲月——埃德加·斯諾在中國》，137。

26 《旅華歲月——海倫·斯諾回憶錄》，129-130。

27 參見《夏仁德在中國》，世界知識出版社，1985；《賴樸吾——中國的好朋友》，北京大學出版社，1988。

28 趙榮聲，《沿著斯諾的足跡》，1996，27。另見趙榮聲、周游編，《「一二·九」在未名湖畔》，北京：北京出版社，1985。

29 〈夏仁德〉，燕京研究院編《燕京大學人物志第1輯》，北京：北京大學，2001，217-218。

30 張放，〈死亡線上的搏鬥〉，收入《燕大文史資料》（第9輯），北京：北京大學，1995，25。張放的回憶錄可另參見《風雪天山》（筆名「方文」，遼寧人民出版社，1986）和《奔向解放區》兩書。

31 《燕大文史資料》第10輯，北京大學出版社，1997，21。陳遠，《燕京大學1919-1952》，杭州：浙江人民出版社，2013，186-188。

32 〈對學生運動觀感〉，《燕京新聞》，1936年4月17日。

33 《在華五十年》，205-206。

34 趙榮聲，〈三十年代燕京大學黨的活動〉，見中國人民政治協商
會議北京市委員會文史資料研究委員會《文史資料選編（第 39
輯）》，北京：中華書局，1990，28。

35 張淑義，〈一二‧九運動中的基督教學生〉，收入《「一二‧九」
在未名湖畔》，103-111。1949 年後，張淑義曾任全國婦聯國際
聯絡部副部長、中國人民保衛兒童全國委員會秘書長等要職，
見〈張淑義〉，《燕京大學人物志第 1 輯》，387。

36 燕京大學校友校史編寫委員會編，《燕京大學史稿（1919-
1952）》，北京：人民中國出版社，463。

37 張欽士（1890-1931），號志新，曾任北京基督教青年會學生部
幹事，〈我個人的宗教經驗〉（刊於《生命月刊》第 3 卷第 7/8
期）記述了他接受基督教的過程，積極參與北京青年會的學生
事工，曾編輯出版《國內近十年來之宗教思潮——燕京華文學
校研究科參考材料》（1927）。張淑義是二姐，第三女兒也是燕
大畢業生，名叫張澍智，同樣非常的傑出，屬於文學界一位著
名的翻譯家，譯有《人與鼠》、《豪門春秋》、《簡愛》等。

38 張淑義是燕大 1932 年班，這年級出了非常多學運領袖和共產
黨員，有龔普生、張兆麟、陳翰伯、黃華（黃汝梅）、趙宗
復、劉柯等。

39 女工夜校還有幾位堅實的骨幹，包括雷潔瓊（燕大）、張淑義
（張欽士之女，燕大）、鍾韶琴（滬江）、王合津（滬江）等加
入，當然其中又以鄧裕志與這所學校的關係最為緊密。梁啟超
的第五位女兒梁思懿（司馬懿），同樣是燕京大學的高材生，

1936 年加入共產黨，1939 年來到上海基督教女青會勞工部工作，協助女工夜校的工作，培養了一大批紡織女工成為工人運動的骨幹，參見吳荔明，《梁啟超和他的兒女們》，上海人民出版社，1999，286。

40 徐永初、陳瑾瑜主編，《追尋聖瑪利亞校友足跡》，上海：同濟大學出版社，2014，42-51。這所學校是一所用全英語授課的學校。

41 龔普生，〈基督凱旋了嗎？〉，《聯聲》第 1 期，1938，1-2。

42 可參見《中國基督教公共神學文選》（三）。

43 著名的科學家侯祥麟（1955 中科院院士，1994 中國工程院院士），同是燕大的畢業生（1935），即是在上海時經由龔普生的引介下加入共產黨。參見《我與石油有緣：侯祥麟自述》（2001）及《1950 年代歸國留美科學家訪談錄》，2013。

44 龔普生於 1938 年在入中國共產黨，1939 年曾代表女青年會參加荷蘭阿姆斯特丹舉行的世界基督教青年會代表大會，1941 年到美國哥倫比亞大學攻讀碩士，在留美期間就積極從事統戰工作。

45 可參見劉水主編《哥倫比亞大學的魅力》，延吉：延邊大學出版社，2001。以及王海龍，《哥大與現代中國》，臺北：立緒，2002。

46 熊鷹，〈反法西斯戰爭中的「隱蔽力量」——以丁玲《我在霞村的時候》及其翻譯為例〉，《文學評論》2015 年第 5 期。

47 楊繽編著，《中國社會生活的發展與訓練》，上海：青年協會

書局，1937。斯諾夫人海倫曾提到楊繽是顧頡剛的學生，可以
理解這本書的編著與古史辨和社會史學派的學術淵源。1928
年參加共產黨，1932 年於燕大畢業，積極參與共產黨革命運
動；之後受到費正清的賞識，1944 年她去到了美國哈佛大學
進修。1948 年回到中國，前後擔任過中華人民共和國外交部
政策研究委員會主任秘書、周恩來總理辦公室主任秘書、中共
中央宣傳部國際宣傳處處長等。斯諾夫人海倫在燕大時，與楊
繽就有所接觸，她非常欣賞楊繽的才華，但對她的格性也描述
得很準確，就如楊繽給自己取了另一個名字「楊剛」那樣。
1957 年 10 月 7 日於反右運動中自殺身亡。海倫·斯諾對楊繽
的印象非常的深刻，見《旅華歲月》，106-107。

48 費正清，《費正清中國回憶錄》，北京：中信出版社，2013，
270-217。

49 龔普生還曾經協助翻譯丁玲的著作。

50 喬松都，《喬冠華與龔澎——我的父親母親》，北京：中華書
局，2008。

51 燕大學生前仆後繼去到延安，同時又被共產主義的精神深深吸
引，後世不易判斷這些受到基督教教育精神影響的大學生，為
何做出了如此的轉變。有學者以為，中共的延安精神吸引知識
分子的追隨，有很大部份的原因來自於被中共的新人運動所吸
引，如 Thompson Brown 的 *Christianity in the People's Republic
of China*，Atlanta: John Knox Press, 1983 以及余敏玲著，《形塑
「新人」——中共宣傳與蘇聯經驗》，臺北：中央研究院近代史

研究所，2015。

52 「現代派」的延伸即是社會福音派，社會福音的思想在民國基督教青年中的吸引力非常大。燕京大學的校風基本上即屬於現代派或社會福音派的陣營，燕大中教授基督教的教師如徐寶謙、簡又文、劉廷芳等，大多數是從美國現代派的一所神學院——約紐協和神學院畢業歸來，參見徐以驊，〈紐約協和神學院與中國基督教會〉，原收入於劉家峰，《離異與融會：中國基督徒與本色教會的興起》，上海：人民出版社，2005，31-56。

53 司徒雷登，《在華五十年》，44。

54 司徒雷登，《在華五十年》，71-21。

55 吳雷川，《基督教與中國文化》，上海：青年協會書局，1936，290-291。可參見拙作〈吳雷川與「革命的基督教」〉，北京《基督教文化學刊》第 32 期，2014；以及本人編注吳雷川兩書之導言：《基督教與中國文化——吳雷川作品集（一）》（編注），臺北：橄欖華宣出版社，2013 及《墨翟與耶穌——吳雷川作品集（二）》（編注），臺北：橄欖華宣出版社，2015。

56 吳雷川，〈基督教與革命〉，《真理與生命》第 5 卷第 4 期，1931 年 2 月，1-5。

57 《基督教與中國文化》，232。

58 《基督教與中國文化》，300。趙紫宸在給祝賀吳雷川的七秩祝壽文時，即引用了他在《基督教與中國文化》最後一段詩文，以形容吳雷川的思想精華，見〈吳雷川先生著作之介紹〉，《燕

京新聞》第五版，1940 年 11 月 26 日。

59　吳雷川曾撰有〈「縱火」與「導爭」〉一文，見《真理與生命》第 5 卷第 1 期，1930 年 11 月，4-7。

60　董鼎山《自己的視角》，上海：學林出版社，1997，283。

61　司徒雷登，《在華五十年》，1。

62　林孟熹，《司徒雷登與中國政局》，北京：新華出版社，2001，157。

63　黃華，〈司徒雷登離華真相〉，刊於《海內海外》1994 年第 2 期，亦收入《燕大校長司徒雷登》，北京：燕京大學校友校史編寫委員會出版，2004，125-127。

64　《毛澤東選集》（合訂一卷本），北京：人民出版社，1964 第一版，1495-1502。

65　陸志韋 1949 年 6 月 12 日寫給司徒雷登的信函收入於林孟熹著《司徒雷登與中國政局》，272。

66　于鴻升，〈毛澤東《別了，司徒雷登》始末〉，61-64。見趙紫宸〈燕京大學的宗教學院〉，中國人民政治協商會議全國委員會《文史資料選輯》第 43 期，文史資料出版社，106-128。

67　雷潔瓊曾任北京女青年幹事，活躍於基督教界，她以教師的身分進入燕大，任教於社會學系，一直都與「進步學生」（實多為地下黨員）有密切的互動，中共建政後，她在全國性的組織及中央全國人代代表和常委等職務，可謂舉足輕重，還曾當作《香港基本法》、《澳門基本法》的起草委員之一。見《雷潔瓊的學術思想及教育活動》，北京：中國法政大學，2005。雷

潔瓊曾撰文「控訴」過司徒雷登,〈從司徒雷登看美帝文化侵略〉,收入《帝國主義怎樣利用宗教侵略中國》,北京:人民出版社,1951,54-59。

68 《美國外交文件集》(*Foreign Relation Documents*)1949 年第八卷,頁 665。轉引自 Edwin W. Martin 著,《抉擇與分歧:英美對共產黨在中國勝利的反應》(*Divided Counsel: The Anglo-American Response to Communist Victory in China, 1986*),姜中才譯,北京:社會科學文獻出版社,2016,29, 293。此份報告為華德所收藏,現示華德對基督教與馬克思主義的關係在中國知識圈子的發展相當的關注,文章收藏於紐約 The Burke Library Archives Union Theological Seminary, *Harry Frederick Ward Papers, 1880-1979*, 檔案 5A-4-12.

69 傅履仁口述,〈傅涇波:追隨司徒雷登四十四年〉,《三聯生活週刊》2006 年第 23 期。

70 林孟熹,《司徒雷登與中國政局》,69。另參見《燕京大學校長司徒雷登》,燕京大學校友校史編寫委員會,北京:2004。

第 2 章

1 馬識途,《在地下》,成都:四川大學出版社,1987,5。

2 埃德加·斯諾,《西行漫記》,董樂山譯,北京:解放軍文藝出版社,2002,14。另見蘇菲著《我的丈夫馬海德》,2015,16-18。《西行漫記》的中譯本歷經不少的變化。目前最權威的譯本是由著名譯者董樂山所譯,1979 年首次以「全譯本」面貌出

版。

3 《西行漫記》，14-15。斯諾拼出的外文名字為 Wang Mu-Shih，見 Red Star Over China, New York: Random House, 1938, 17，1968 年修訂版，斯諾卻在一個註中將之拼作 Wang Hua-Jen, 見 Grove Press, 1968, 419，看來，斯諾至死都不知道「王牧師」的真正姓名是甚麼。

4 董惠芳，〈我當了宋慶齡的地下小交通員〉，收入於《盧灣史話》第二輯，中國人民政治協議上海市盧灣區委員會文史資料委員會，1991，60-65；文革期間，董惠芳難得與宋慶齡聯繫上，其部份信件見董健吾兒子董霞飛和董雲飛合著的《神秘的紅色牧師——董健吾》，北京：北京出版社，2001，295-306。

5 董雲飛，〈為了第二次國共合作——宋慶齡秘密使者前往陝北〉，收入於《盧灣史話》第二輯，中國人民政治協議上海市盧灣區委員會文史資料委員會，1991，42-46；另見池昕鴻，《宋子文全傳》，延邊人民出版社，169-171。

6 關於向張學良借飛機，《西行漫記》也詳細說了這麼一段故事。

7 見〈博古關於南京各派的態度及我所取策略給張聞天、毛澤東、周恩來電〉（1936/3/2），此一文收入於中央檔案館編《中國共產黨關於西安事變檔案史料選編》，北京：中國檔案出版社，1997，31。毛澤東於 8 月 14 日寫給宋子文的信中，也提到了董健吾半年前所執行的任務。

8 見《西北從軍記》，臺北：傳記文學出版社，1983，200-201。〈紅軍二萬五千里西引記〉全文收入於《神秘的紅色牧師——

董健吾》，235-249。

9　《人民日報》，1986/9/3。

10　全名「中國共產黨中央特別行動科」。

11　路易‧艾黎證實了董在劉鼎和張學良之間扮演了穿針引線的工作，見氏著〈西安事變前後中共地下黨員劉鼎〉，收入《中共地下黨現形記》（第二輯），臺北：傳記文學出版社，1993，127-134，及《艾黎自傳》，甘肅人民出版社，1987，81-82。可另參見吳天遙，〈劉鼎和西安事變〉，收入《中共地下黨現形記》（第一輯），臺北：傳記文學出版社，1991，359-364。

12　見董健吾兒子董霞飛和董雲飛合著的《神秘的紅色牧師——董健吾》，199-200。

13　《西行漫記》，14。

14　董曾自己撰寫過一份簡單的〈董健吾自傳〉，存放於上海市委統戰部。

15　參見熊之月、周武主編《聖約翰大學史》，上海：人民出版社，2007，348-380。

16　「五卅慘案」對基督教所造成的衝擊非常大，有些傳教士害怕引起類似於義和團式的反教風潮，因而離開中國，參見王治心〈五卅事變於教會之影響〉，《中華基督教會年鑑》（九），上海：中華基督教協進會出版，1927，25-27。

17　從「五卅慘案」發展到聖約翰大學內部的「六三事件」（國旗事件），無疑的成了這間大學以及卜舫濟的重大污點，見《聖約翰大學史》，194-204。另也可見石建國，《卜舫濟傳記》，北

京：社會科學文獻出版社，2011，234-263。

18 董霞飛、董雲飛合著，《神秘的紅色牧師——董健吾》，北京：北京出版社，2001，22。

19 〈教會與工業問題〉，中華協進會工業委員會出版《工業改造》第八期，1926 年 1 月 11 日。

20 《中國基督教四大危急時期》（非賣品），中華全國基督教協進會，1926 年 2 月出版，上海檔案館 U123-0-6-252。

21 董健吾，〈中西屬目的穆德會議〉，刊於《中華基督教會年鑑》第九輯，1927 年 12 月，146-159。

22 董健吾，〈本色教會之新發展〉，刊於《中華基督教會年鑑》第十輯，1928 年 12 月，8-9。

23 董健吾，〈追述聖誕日的感觸〉（社言），刊於《聖公會報》第 20 卷第 3 期，1927，1-2。

24 這裡出了兩位紅色牧師，一位是浦化人，一位是董健吾。

25 由於參加過西北軍，董健吾之後於青年會的場合中還特別介紹西北軍，以澄清外界對他們的誤解，可惜記者並未特別介紹西北軍的宗教生活。可參見董健吾講，昇餘記，〈西北軍之概略〉，刊於《聖公會報》第 19 卷第 22 期，1926，29-30。另轉刊於《真光》第 25 卷第 78 期，1926，77-79。

26 馮玉祥，《我的生活》（第一卷），2002，464。

27 徐以驊，〈浦化人：出入教會的傳奇人物〉，收入於朱維錚主編《基督教與近代中國》，1994；徐以驊，〈從牧師到中共高級幹部——浦化人的傳奇生涯〉，載《世紀》1995 年 7-8 月，另亦收

入於徐福生主編《無形戰線》,上海:古籍出版社,2004。49
年後,浦化人還曾發表過一篇支持三自革新運動的文章,〈新
中國基督教會的首到任務〉,《天風》第 260 期,1951/4/21,根
據徐以驊的說法,抗戰勝利後,中共對於宗教的開放態度,
與浦化人和董健吾的建言有關,參見〈美國聖公會與中國社
會〉,刊於《基督教學術》第十一輯,2014,136。

28 浦化人曾撰文詳述其生平以及基督信仰之轉變過程,刊於《青
年》第 19 卷第 8 期至第 10 期,1916 年 11 月 15 日至 1917 年
1 月 15 日。

29 浦化人,〈余之過去現在及將來〉,《青年》第 19 卷第 9 期,
1916 年 12 月 15 日,359。

30 浦化人,〈工賑運動〉,《時兆月報》第 20 卷第 8 期,1925;同
文又以〈工賑運動為今日中國的惟一救法〉為題發表於《興華》
第 22 卷第 17 期,1925。

31 《聖公會報》第三十卷第四、五期,1937。

32 《窮人萬幸論》,上海:青年協會書局,11-12。

33 《基督教救國論》,14-15。

34 朱昱鵬,〈浦化人傳略〉,《無錫縣文史資料》第八輯,71-72。
關於高金城的事蹟,另見王勁、楊惠娟〈牧師、醫生、戰
士——記為營救紅軍西路軍英勇獻身的高金城牧師〉,收入董
漢河,朱永光主編,《中國工農紅軍西路軍論文》(卷中),蘭
州:紅西路軍研究會,2014,319-324。

35 《西北從軍記》,69。

36 馮玉祥在日記中多次提到與浦化人諸多良好的互動，曾親筆寫了副對聯給他：「窮經安有息肩日，學道方為絕頂人」（1923/4/22），頗能表現馮對浦的了解。見中國第二歷史檔案館編，《馮玉祥日記》（第一冊），江蘇古籍出版社，1992，320。

37 簡又文，《馮玉祥傳》，293，又《西北從軍記》中，簡又文對浦的評價也相當的高，臺北：傳記文學出版社，1993，69。馮玉祥，《我的生活》（第二卷），438。

38 馬紅，〈上海臨時中央局概況〉，中共中央文獻研究室編《文獻與研究》（1985 年彙編本），北京人民出版社，1986，359-366。

39 馮紀法，《隨從參謀馮紀法》，西安：陝西人民出版社，1989，88-89。

40 參見浦化人，〈夢想不到的救恩〉，刊於《聖公會報》第 30 卷第 9 期，1937，26-27。

41 浦化人，〈二十年前的新華社〉，新華社新聞研究所編《新華社回憶錄》，1986。

42 Gunther Stein, *The Challenge of Red China*, New York: Whittlesey House, 1945, 242。本書最早中譯由署名賈敏翻譯（譯者實為王楚良、馬飛海、陳絊等人，1946 年由上海中國文化投資公司下之晨社以十個分冊方式出版，每書有一獨立標題，副標題即為《紅色中國的挑戰》，之後二版時全冊合訂交由希望書店出版，書名改為《新中國的雛型》，以避開國民黨的查禁。此譯本於 1999 年再經章蟾華修訂，以《紅色中國的挑戰》書名由上海譯文出版社出版。值得注意的是，近期於 2015 年由李鳳

鳴新譯另一版本，由上海科學技術文獻出版社出版，此書原是 1987 年新華出版社版之再印，然而，李鳳鳴卻不如舊譯，甚至少譯了不少篇幅，而且諸多中文人物的譯名也未經考證，例如把著名的紅軍醫生傅連暲譯作「傅林章」、浦化人譯作「浦華岩」，全書缺譯了前十章和第四十和第四十一章，約缺了原書超過一百頁，實在令人遺憾。

43　*The Challenge of Red China*, 242.

44　《鄉村教會通訊》第二十二期，1950 年 11 月 1 日。

45　馮玉祥的軍隊中，同樣也具有「基督將軍」譽名的，即是張之江，他非常熱心地參與基督教的活動，倡導「信行救國」，基督教界的一些出版物喜歡找他提字，最有名的是，民國十五年時，他自己花了三萬大洋印製了三萬本《聖經》致贈給有需要的人，封面刻上了他的字：「此乃天下之大經也」。可參見《張之江將軍傳》，萬樂剛著，北京：團結出版社，2015。

46　簡又文，《馮玉祥傳》，293。

47　參見《馮玉祥傳》，369-371。李德全是一位基督徒變成了共產黨員之案例，原是北京女青年會幹事，社會實踐力極強，演講和教學方面相當具影響力，關於李德全，另可參見其長女馮理達編的《李德全軼事》，以及滿素潔〈從基督徒到共產黨員的「平民部長」──李德全〉，《炎黃春秋》第八期，1997，51-53。

48　盧灣區黨史辦公室、區政協文史資料委員會，〈紅色搖籃──大同幼稚園〉，收入於《盧灣史話》第二輯，中國人民政治協議上海市盧灣區委員會文史資料委員會，1991，56-59。

49 董壽琪，〈霞飛路和合坊的兩個動人故事〉，收入《盧灣史話》第一輯，中國人民政治協議上海市盧灣區委員會文史資料委員會編，1989。董健吾這方面的能力確實不是一般般的。簡又文編輯《逸經》，經常邀董寫稿，盛讚董的國學素養底蘊深。

50 《西北從軍記》，200。

51 簡又文記得，董健吾曾私下找過他代為收養毛澤東的兩個孩子，改名換姓，冒充他的家族，最後沒有成功，見《西北從軍記》，200。

52 董壽琪，〈我和毛岸英、毛岸青兄弟〉，收入於《盧灣史話》第二輯，中國人民政治協議上海市盧灣區委員會文史資料委員會，1991，47-55；以及《文史精華》第六期，1994，29-32。

53 《西北從軍記》，199-200。

54 張顯東，〈本堂一九三一年區董會概況〉，《呼聲》（《上海聖彼得堂月刊》）第一期，1931 年 12 月 20 日出版，3。

55 王光遠，《紅色牧師董健吾》，北京：中央文獻出版社，2000，118。

56 據傳董健吾曾先後與五位女性有複雜的男女關係，參見段琦，〈從抗戰期間上海聖彼得堂看中國信徒的愛國情懷〉（未刊稿）。

57 王朝柱，〈紅色牧師的故事〉，《世紀名人逸事》，北京：中國青年出版社，1998，83-84。

58 《馮玉祥日記》（三），560。

59 董惠芳、董壽琪、董霞飛、董雲飛，〈寫在《西行漫記》重印出版的時候〉，收入劉力群主編，《紀念埃德加·斯諾》，1984，

169-172。

60 〈《西行漫記》新譯本譯後綴語〉，見李輝編《董樂山文集》
（一），河北教育出版社，2001，331-336。

第 3 章

1 或許基於偏見，史沫特萊似乎有意忽略斯諾夫人海倫（她的另
一個名字叫著 Nym Wales，中文譯作尼姆‧威爾斯）的著作，
她於 1937 年訪問延安並留下大量的第一手訪問手稿和筆記，
她的《續西行漫記》（《紅色中國的內幕》）比斯諾的《西行漫
記》更為深入。斯諾是 1936 年去了陝北，隔年，海倫個人單
槍匹馬遠赴延安；斯諾的《西行漫記》吸引了所有目光，作為
第一本向世界公開中國共產黨在陝北的革命當然有其重要性，
然而海倫的著作同樣具有非常高的價值。事實上，海倫撰寫超
過十七本關於中國的書，她的《延安筆記》更是珍貴的第一手
關於共產黨員的訪問報導，除此之外，除了《續西行漫記》，
其他的中文譯作還包括《旅華歲月》（又譯名作《我在中國的
歲月》）、《延安採訪錄》、《中國新女性》等。

2 Gunther Stien, *The Challenge of Red China*, New York: Whittlesey
House, 1945, 241。

3 相關在刊物上的文章非常的多，出版成書或冊子的有《走出
「天國」奔向紅軍——記組軍軍醫傅連暲的故事》（中華魂百
篇故事，小冊），吉林人民出版社；穆靜，《傅連暲傳略》，
北京：科學普及出版社，1989；王盛澤、鍾兆雲，《從基督徒

到紅色「御醫」——傅連暲傳奇》，福州：福建人民出版社，2001，此書之後又以《毛澤東信任的醫生傅連暲》為書名再版，北京：中國青年出版社，2006，以及《傅連暲誕辰 100 周年紀念集》，北京：人民衛生出版社，1994，等等。

4　傅維康，〈精心醫學實踐，畢生忠誠革命——最早服務於紅軍的西醫傅連暲〉，收入《長汀文史資料》第 6 輯，中國人民政治協商會議福建省長汀縣委員會文史資料編輯室，1984，16-21。

5　周之德編輯，《閩南倫敦會基督教史》，出版社不詳，1934，31-32。另見吳巍巍，《西方傳教士與晚清福建社會文化》，北京：海洋出版社，2011；葉克豪編，《基督教閩南大會資料集》（自印）。

6　賴察理著有《略述客家的歷史》，亦編有《客法辭典》。

7　長汀縣地方志編纂委員會編，《長汀縣誌》，1993，778。

8　林金水等著，《福建基督教史初探》，臺北：宇宙光出版社，2006。

9　鍾頌三，〈回憶父親鍾品松醫師〉，收入《長汀文史資料》第 10 輯，中國人民政治協商會議福建省長汀縣委員會文史資料編輯室，1986，61-62；毛何先，〈長汀西醫世家〉，收入《長汀文史資料》第 22 輯，中國人民政治協商會議福建省長汀縣委員會文史資料編輯室，1993，70-76。

10　李家度、李陽民，〈我所知道的「福音醫院」〉，收入《長汀文史資料》第 11 輯，中國人民政治協商會議福建省長汀縣委員

會文史資料編輯室，1986，43-44。作者李家度是福音醫院的第四期學生，傅連暲則是第二期的學生。

11 1932 年改名為「中央紅色醫院」，是中國共產黨史上第一所正規的醫院。1988 年被列作「全國重點文物保護單位長汀革命舊址」。

12 蕭愛蓮、陳偉田，〈一個為紅軍服務的醫院——汀州福音醫院〉，《長汀文史資料》第 9 輯，中國人民政治協商會議福建省長汀縣委員會文史資料編輯室，1985，33-35。

13 參見陶飛亞，〈共產國際代表與中國非基督教運動〉，《近代史研究》（2003 年，第五期）。

14 相關的研究可參見陳智衡，〈早期中國共產黨對基督教會的衝擊（1921-1935）〉，收入氏著《紅火淬煉——近代中國基督教政教關係史（1911-1952）》，香港：建道神學院，2016，111-134。

15 可參見盧平，《基督教與閩西客家社會》，福建師範大學碩士論文，2002 年。

16 陳偉田，〈汀州福音醫院：中國紅色醫療衛生的搖籃〉，收入《長汀文史資料》（第 42 輯），中國人民政治協商會議福建省長汀縣委員會文史資料編輯室，2011，55-61。

17 根據毛澤東私人醫生李志綏的說法，毛對給他看病或下藥的事都非常的謹慎，不輕易相信任何人，參見《毛澤東私人醫生回憶錄》，臺北：時報出版社，1994，130。

18 傅連暲，《在毛主席教導下》，北京：作家出版社，1959，30-

38。

19 提到毛澤東的第一位夫人賀子珍，祖籍為江西永新，同樣接觸過基督教，小學畢業後進入永新福音堂女子學校就讀，畢業後到小學當一位國文教師。

20 參見《南昌起義》〔資料選輯〕，北京：中共中央黨校出版社，1981，79。

21 參見《南昌起義》，中共黨史資料出版社，1987，55 及以外。見劉平庚〈回憶賀龍同志在聖公會的日子〉，收入沈謙芳等主編，親歷南昌起義，南昌：江西人民出版社，2007，另見〈劉平庚牧師與南昌起義〉，《天風》1995 年第五期。

22 《救國時報》於 1935 年 12 月 9 日創刊，初為周刊，1936 年 1 月第 6 期起改為五日刊，是中國共產黨領導的在法國巴黎出版的報紙，主辦人吳玉章。

23 〈1937 年對記者的談話〉，收入傅維康、傅維暲主編《傅連暲誕辰 100 周年紀念集》，北京：人民衛生出版社，1994，3-14。該文曾重刊於傅連暲《我熱愛自己的醫生職業》，人民衛生出版社，1953，之後於《傅連暲誕辰 100 周年紀念集》又再收入此文。

24 〈1937 年對記者的談話〉，9。

25 Nym Wales, *Inside Red China*, New York: Da Capo Press, 1977。本書初版於 1939 年在紐約出版，隨即中譯本《續西行漫記》同年由復興書屋於上海出版。我們若將斯諾的《西行漫記》和斯諾夫人海倫的《續西行漫記》比較，就可看出後者在取材和人

物方面都做了深入訪問，其學術價值略勝過於前者。斯諾夫人身邊有一位得力翻譯，一位美國青年名叫肯姆普頓·菲奇，出身於中國，通曉漢語，同樣是來自於傳教士的家庭，其父為喬治·菲奇（中文名「費吳生」），生於蘇州，是上海基督教青年會的一位幹事，後轉到南京基督教青年會，他留下了大量關於南京大屠殺的日記記錄和八卷拍攝膠卷，其家族在中國傳教人士約有四十人之多，可參見喬治·菲奇回憶錄 *My Eighth Years in China* (Taipei, 1967)。參見 Kenneth E. Shewmaker 著《美國人與中國共產黨人》(*Americans and Chinese Communists, 1927-1945*)，鄭志寧等譯，長春：吉林文史出版社，1989，62，亦見《旅華歲月——海倫斯諾回憶錄》，北京：世界知識出版社，1985，233，為了保護此人，斯諾夫人海倫的《續西行漫記》刻意不提到這個人。

26 〈1937 年對記者的談話〉，5。

27 尼姆·威爾斯，《續西行漫記》，陶宜、徐復譯，北京：解放軍文藝出版社，2002，138。我們必須留意到存在著兩本中譯本，同樣是陶宜、徐復所翻譯，1991 年 3 月有北京三聯書店出版的譯本，2002 年另有解放軍文藝出版社譯本，後者標明為「全譯本」，可見前個譯本有所刪減，其中最明顯被刪減的內容就是與傅傳連暐有關的部份，該篇章名為「紅軍醫務人員和基督教」（第十一章）。

28 《續西行漫記》，139。

29 《續西行漫記》，139。另亦見海倫·斯諾（按，即「尼姆·威

爾斯」,《延安採訪錄》,貴陽:貴州人民出版社,1989,101-
102。

30　傅連暲,《在毛主席教導下》,63-64。

31　《西行漫記》,393。

32　Nym Wales, *My Yenan Notebooks*, 46. 威爾斯這篇打字稿之原稿,
可見於網上,https://babel.hathitrust.org/cgi/pt?id=mdp.390150006
91454;view=1up;seq=2.。據海倫的說法,她曾深入地採訪過傅連
暲,談的都是關於基督徒與紅色革命的事業問題,原來《續西
行漫記》曾有專章〈紅色醫生與基督教〉,只是後來出版時刪
除了,另可參見中譯本《延安採訪錄》,安危譯,貴陽貴州人
民出版社,1989,100-102。

33　近期一些傳教士醫生的研究包括譚樹林著《美國傳教士伯駕在
華活動研究(1834-1857)》,群言出版社,2010;高晞著《德
貞傳——一個英國傳教士與晚清醫學近代化》復旦大學出版
社,2009。傳記中譯出版,例如包括了愛德華·胡美(Edward
H. Hume),杜麗紅譯,《道一風同:一位美國醫生在華 30
年》,北京:中華書局,2011;《鍾愛華傳:洋醫生的中國
心》,北京:團結出版社,2014;小愛德華·布里斯(Edward
Bliss Jr.),安雯編譯,《邵武四十年:美國傳教士醫生福益華在
華之旅》,北京:中央編譯出版社,2015。

34　〈紅軍隊伍中的救命天使——傅連暲〉,收入卜松林、李向平主
編《歷史的驚歎:中國工農紅軍長征紀實》,上海:上海人民
出版社,1996,444-446。

35 《從基督徒到紅色「御醫」——傅連暲傳奇》，122。

36 許飛青，〈悼念加拿大友人瓊·尤恩女士〉，收入《中國：我的第二故鄉（1933-1939）》，山西：陝西人民出版社，1992；李忠全，〈從大洋彼岸飛來的白衣天使——瓊·尤恩〉，賀志強編《世界知名婦女在延安》，西安：西安出版社，1995。Roderick Stewart and Sharon Stewart, *Phoenix: The Life of Norman Bethune*, Montreal & Kingston, London, Ithaca: McGill-Queen's University Press, 2011. 1987 年尤恩逝世，家人按她生前的心願將骨灰帶到中國，也獲得中國政府首肯，最後安葬在石家莊烈士陵園。

37 Jean Ewen, *Canadian Nurse in China*, Nova Scotia: McClelland and Stewart Limited, 1981, 92. 這本書有兩個譯本，黃誠、何蘭譯作《在中國當護士的年月》（北京時事出版社，1984）和《中國，我的第二故鄉》（陝西人民出版社，1992，另附有四篇回憶文），近期有了新譯本，把書名譯得更明確些《白求恩隨行護士自述 1932-1939》，朱雁芳譯，北京：北京出版社，2015，88-89。

38 Ted Allan and Sydney Gordon, *The scalpel, the sword: the story of Dr. Norman Bethune*, Montreal: McClelland and Stewart Limited, 1972(1952), 288.

39 *Canadian Nurse in China*, 46.

40 *Canadian Nurse in China*, 83.《白求恩隨行護士自述 1932-1939》，80。另可參見 Roderick Stewart and Sharon Steward, *Phoenix: the life of Norman Bethune*, Montreal: McGill-Queens's

University Press, 2011, 341ff.。參見 Peter Stursberg, *The Golden Hope: Christians in China*, The United Church Publishing House, Toronto, 1987.

41 《白求恩隨行護士自述 1932-1939》，143。

42 傅連暲，〈汀州基督徒為滬案後援〉，《興華》第 22 卷第 29 期，1925，23-24。

43 海倫·福斯特·斯諾，〈傅連暲──基督徒共產黨人〉，《紅都延安採訪實錄》，張士義、張香存譯，北京：中國社會出版社，2004，256。原書為 *Red Dust: Autobiographies of Chinese Communists*, Stanford, Calif.,: Stanford University Press, 1952, 以人物的方式來書寫中國共產黨人，之後 1972 再版增加了不少篇幅，書名也改為 *The Chinese Communists: Sketches and Autobiographies of the Old Guard*。相較於斯諾，海倫的寫作功底更為扎實，我們可以以她另外幾本書可以作為佐證，如 *China Builds for Democracy; a Story of Cooperative Industry* (New York,: Modern Age Books, 1941) *The Chinese Labor Movement* (New York: John Day, 1945) 前者研究「工合」運動，後者研究工人運動，都已成為此一領域專家類的著作。

44 劉賜福，〈我的回憶─劉賜福：回憶傅連暲及其他（1986 年 10 月 18 日）〉，收入葉尚志著《烈火雄風》，上海：科學普及出版社，1996，472-488。劉耀宗，〈情深義重的賜福嫂〉，收入中國人民政治協商會議福建長汀縣委文史資料委員會編，《長汀文史資料》（第 43 輯），2012，236-245。

第 4 章

* 關於這段故事，近期由孟奇導演，瀟湘電影集團有限公司與貴州省電影家協會聯合出品的電影《勃沙特的長征》，2017 年公開上映，被國家新聞出版廣電總局列為「紀念紅軍長征勝利 80 周年」的重點影片之一，全片長 74 分鐘。

1 參見王庭岳，《崛起的前奏──中共抗戰時期對外交往紀實》，北京：世界知識出版社，1995，102-105。

2 周恩來與吳德施主教的互動，見《周恩來題詞集解》，中共中央文獻研究室第二編研部編，2012，25-26。關於何明華主教的研究，可參見吳青著《何明華與中國關係之研究（1922-1966）》，浙江大學出版社，2017。

3 史沫特萊可以說是與共產黨人往來最為密切的一位外國人士，許多外國記者得以到延安，據說都是經由她安排的，包括斯諾在內。埃文斯·福代其·卡爾遜（Evans Fordyce Carlson）著，《中國的雙星》(*Twin Stars of China*)，北京：新華出版社，1987，116，另可參見李輝著《在歷史現場》，臺北：知書房，2004，225 及以下。

4 Jean Ewen, *Canadian Nurse in China*, Nova Scotia: McClelland and Stewart Limited, 1981, 50.

5 關於這場奇特的相遇和故事發展的細節，分別有兩個重要的回憶錄，一是薄復禮著《一個外國傳教士眼中的長征》（崑崙出版社，1989/2006，2017 又有一新版本，名字更改為《一個西方傳教士的長征歷程》），一是成邦慶著《一個外國傳教士

俘虜的長征》（臺灣基督教文藝出版社，2016），成邦慶很早就已將其被俘的經過部份片斷發表於內地會的報刊《憶萬華民》（*China's Millons*）上，其著作手稿首次整理出版即是 2003 年。另可參見沙茲伯里，《長征》（*The Long March: The Untold Story*, 1985），臺北：麥田出版社，1998，404-414；中國大陸版本見索爾茲伯里，《長征——一個前所未聞的故事》，北京：解放軍出版社，1986，349-358。近期，坊間還出版了一本以這位在紅軍長征隊伍中的傳教士為素材刊行了長篇小說：彭蘇著，《跟隨紅軍長征的日子——一個外國傳教士所親歷的長征》，濟南：山東人民出版社，2015。

6 斯諾在其《西行漫記》論及賀龍之部份，特別的提薄復禮與紅軍在長征途中相遇的這件事，見董樂山譯本，北京：解放軍文藝出版社，2002，47。

7 比較薄復禮和成邦慶兩人的回憶錄可以發現，薄復禮的處理相對的老練，讀起來處處都是以宣揚上帝的奇妙，並以作基督徒勵志之旨確實明顯，故對於紅軍一些不堪或殘暴的行徑基本上都隱藏起來了。然而，成邦慶的《一個外國傳教士俘虜的長征》（*A Foreign Missionary on the Long March: The Memoirs of Arnolis Hayman of the China Inland Mission*, 2010）也許更接近事實，他無意於太多粉飾當時的可怕環境，尤其是紅軍中對傳教或基督教的嘲笑和指謫是經常發生的，因此有必要對照兩本書來一起閱讀，可參見安琳（Anne-Marie Brady）於《一個外國傳教士俘虜的長征》所做的〈導論〉。

8　成邦慶,《一個外國傳教士俘虜的長征》,劉家峰、劉莉譯,新北市:臺灣基督教文藝出版社,2015,109-113。

9　〈蕭克將軍談薄復禮和他的回憶錄〉,收入張國琦譯《一個外國傳教士眼中的長征》,北京:昆崙出版社,1989,3-4。另可見《蕭克回憶錄》,北京:解放軍出版社,1997,第十一章。

10　《一個外國傳教士眼中的長征》,114-117。

11　那位同行的德國神父沒有被釋,蕭克所說的理由是他是來自於支持蔣介石的法西斯國家,就在薄復禮被釋放不久後的兩周內,凱爾納因病重不適死於途中,參見索爾茲伯里,《長征——一個前所未聞的故事》,北京:解放軍出版社,1986,358。

12　另見本書第 1 章。

13　參見沱源、貴武,〈瑞士旅華牧師波夏德及其介紹紅軍長征的回憶錄《束縛之手》〉,載於《黔東南社會科學》1989 年第三期。

14　李林,〈從《神靈之手》看紅軍長征〉,《貴州文史叢刊》1990 年第三期。

15　《一個外國傳教士眼中的長征》,204。

16　《蕭克回憶錄》,198。

17　《一個外國傳教士眼中的長征》,156。

18　〈蕭克將軍談薄復禮和他的回憶錄〉,5。

19　《一個外國傳教士俘虜的長征》,202。

20　參見《一個外國傳教士俘虜的長征》,165。

21　詳參見黃錫培，《回首百年殉道血》，香港：中國信徒佈道會出版，2010。

22　參見《一個外國傳教士俘虜的長征》的〈導論〉。

23　葉瑪麗婭著，《葉牧師一家在中國》，趙斌譯，北京：團結出版社，1994。1990 年 8 月 10 日山西河曲人民政府為葉永青立了一個紀念碑。可另參見吳昶興，〈挪威內地會傳教士葉永青山西傳教及其形象〉，收入《跨越三個世紀的傳教運動（1865-2015）》，臺北：宇宙光全人關懷機構，2016。

24　參見沱源、貴武，〈瑞士旅華牧師波夏德及其介紹紅軍長征的回憶錄《束縛之手》〉，載於《黔東南社會科學》1989 年第三期，以及李林，〈勃沙特離開紅軍後在盤縣的一些情況〉，《貴州文史叢刊》1990 年第三期。

25　內地會上海總部曾討論留守中國問題，特別還詢問了薄復禮，結果是他們夫婦都決定留下來，見董艷雲著，《內地會出中國記》，張玫珊譯，香港：海外基督使團，2003，31-33。

26　《貴州省博物館館刊》1986 年第二期。

27　袁本文、董渝，〈紅星與十字架〉，《貴州優秀劇作選（1985 年至 1995 年）》，貴陽：貴州民族出版社，1998。

28　蕭克，《蕭克回憶錄》，北京：人民文學出版社，2018，174-176。

後記

　　許多年前，我被德國漢學家顧彬（Wolfgang Kubin）與中國學者劉小楓之間一場令人費解的論戰所吸引，這本書的起源也與這場學術論戰有關。顧彬認為，如果革命是源於基督教的，中國的革命當然也不例外；劉小楓認為此一說法可笑且毫無根據，於是就著手於努力證實中國的革命源於儒家，因此革命不是只有基督教的，中國也有革命的傳統。

　　顧彬與劉小楓的學術交鋒主要還是理論層面的。實際上，究竟中國的革命與基督教有沒有關係？是可以從革命史上去搜尋是否有基督徒的參與，關於辛亥革命中的革命黨人多為基督徒的說法基本早有定論，共產革命中的基督徒談得則非常少，主要認為前提是共產黨與基督教的意識形態立場上勢不兩立，照理是不可能有任何聯繫的。

　　然而，事實並非如此，本書嘗試舉證幾個案例，確實有不少基督徒投身於共黨革命，而且是在關鍵的時刻或事件中發揮了舉足輕重的影響力，可謂「小人物立大功」，這些史實應該是不容否

認的，儘管中共黨史從未提到他們。

中國共產黨的革命歷史上，曾出現過這類資本主義與共產主義看似矛盾的「紅色資本家」，另外也出現為數不少有神論與無神論的「紅色基督徒」閻寶航，有「紅色牧師」董健吾、浦化人、余心清、李儲文、「紅色傳教士」文幼章、「紅色主教」吳德施、何明華等人。

還有，因為紅軍在長征途中有關聯的教堂，後也被稱作「紅色教堂」，如四川磨西古鎮的天主教堂（毛澤東住過並在此召開過「磨西會議」）、貴州舊州天主教堂（紅六軍團在此尋獲一張貴州地圖）、遵義楊柳街天主教堂（「遵義會議」會址）等。

本書收錄的文章已先後刊出於學術期刊或論文專書，詳見如下：

〈紅星照耀燕園——斯諾，燕京大學與中國共產黨人〉，《浸神學刊》第 16 期，2018；

〈紅軍長征隊伍中的傳教士：蕭克將軍與薄復禮的一段「友誼」〉，收入於郭承天、周復初主編《改變形像》，新北市：橄欖出版社，2018；

〈長征路上的紅色基督徒醫生傅連暲〉，《漢語基督教學術論評》第 27 期，2019；

〈化名為王牧師的共產黨人——董健吾〉，收入陳智衡主編《內戰時期的中國教會》，香港：建道神學院，2019。

特此向前述會議主辦方和期刊單位致謝。

本書定稿於香港自六月以來激烈的反送中運動之紛亂中，猶

想到本書中所提及基督徒共產黨人參與革命的似曾相似，令人感到不勝唏噓。

　　最後，我必須感謝亦師亦友的陳宣明牧師。這本書主要源於我從他淘淘不絕的口中講述上述的故事而來，這些關鍵人物從他口中如數家珍地說出，宛如他曾與他們生活過一般，我從他多次的講述中按著指引去搜尋資料，才完成上述的幾篇文章。事實上，陳牧師自己正進行與這本書相似內容的撰寫，我相信他所寫的絕對會非常吸引人，正如我是如何被他吸引而去探索原來對我而言全然陌生的領域那樣。

NOTES

NOTES

NOTES

學院叢書系列 04

紅星與十字架
——中國共產黨的基督徒友人

作　　　者：曾慶豹
社長暨總編輯：鄭超睿
編　　　輯：李瑞娟
封面設計：海流設計
排　　　版：旭豐數位排版有限公司

出版發行：主流出版有限公司 Lordway Publishing Co. Ltd.
出 版 部：台北市南京東路五段 123 巷 4 弄 24 號 2 樓
電　　話：(0981) 302376
傳　　眞：(02) 2761-3113
電子信箱：lord.way@msa.hinet.net
郵撥帳號：50027271
網　　址：www.lordway.com.tw

經　　銷：
紅螞蟻圖書有限公司
台北市內湖區舊宗路二段 121 巷 19 號
電話：(02) 2795-3656　　傳眞：(02) 2795-4100

華宣出版有限公司
新北市中和區連城路 236 號 3 樓
電話：(02) 8228-1318　　傳眞：(02) 2221-9445

2019 年 12 月　初版 1 刷
書號：L1908　　　　　　　　　　　　著作權所有　翻印必究
ISBN：978-986-98609-0-1（平裝）
Printed in Taiwan

國家圖書館出版品預行編目資料

紅星與十字架：中國共產黨的基督徒友人 /
曾慶豹作. -- 初版. -- 臺北市：主流, 2019.12

　面；　　公分. --（學院叢書系列；4）

ISBN 978-986-98609-0-1（平裝）

1.基督教傳記　2.中國

249.887　　　　　　　　　　　　　108021724